W0005348

Schirner
Verlag

Die Autorin:

Anne L. Biwer, geboren 1955 und zweisprachig, deutsch-französisch, aufgewachsen, ließ sich zur Erzieherin ausbilden und beschäftigte sich als Folge dieser Tätigkeit mit Waldorf-Pädagogik und Anthroposophie. Im Zuge der Neugestaltung ihres Lebens als alleinerziehende Mutter von drei Kindern begann sie Anfang der neunziger Jahre, sich mit der Kunst des Wahrsagens und ihren verschiedenen Formen auseinanderzusetzen und das so gründlich, daß von ihr dazu bereits mehrere Bücher erschienen sind. Mittlerweile ist sie Heilpraktikerin mit eigener Praxis und das Studium der Hände ist dort für sie eine Möglichkeit, etwas über ihre Klienten und deren Ausgangslage zu erfahren.

Das Buch:

Das Studium der Hand, ihrer Formen und Linien, ist eine der ältesten Wissenschaften der Menschheit. Aus der Hand zu lesen hat allerdings nichts mit Mystik zu tun. Es ist jedem Interessierten möglich, die Zeichen der Hand zur Persönlichkeitsanalyse zu entziffern. Sie werden nicht nur sich selbst besser verstehen, sondern beispielsweise auch Gesprächspartner rascher einschätzen können. Dies ist eine große Hilfe im Alltag, denn Hände lassen sich jederzeit unauffällig beobachten. Nach dem Studium von Anne L. Biwers Einführung in das Thema brauchen Sie dazu nicht einmal umständlich die Innenfläche der Hand zu lesen, bald reicht ein Blick auf die Außenhand des Gegenübers, und Sie sind bereits über Wesentliches im Bilde. Im Kapitel über Kinderhände, das neueste Betrachtungen zu diesem Thema offenbart, finden sich viele Hinweise darauf, wie Kindern bei Entwicklungsschwierigkeiten geholfen werden kann. Und: Die Kinder der Jahrtausendwende sind anders – das beweisen ihre Hände!

Anne L. Biwer

Handlesen

auch für Kinderhände

ISBN 3-89767-079-8

Erste Auflage

Umschlaggestaltung: Murat Karacay
Illustrationen: Steffi Steinmüller
Satz und Redaktion: Kirsten Glück
Herstellung: Reyhani Druck & Verlag, Darmstadt

Printed in Germany

Inhaltsverzeichnis

Vorwort

Das Studium der Hand, ihrer Formen und Linien ist eine der ältesten Wissenschaften der Menschheit. Bestimmte Hautlinienmuster an den Händen wie beispielsweise Fingerabdrücke sind so individuell, daß sie als Beweismittel in Strafprozessen gelten. Und es gibt Veränderungen an den Fingern, die als Reaktion auf Krankheiten des Menschen auftreten: Dies ist heute naturwissenschaftlich nachgewiesen und wird zur Früherkennung eingesetzt.

Über viele Jahrhunderte hinweg faszinierte es die Menschen, daß es möglich schien, aus der Hand zukünftige Ereignisse vorherzusagen. Besonders die Zigeuner waren Meister dieser Kunst; sie haben es darin, wie in vielen anderen magischen Sparten, zur Meisterschaft gebracht. Allerdings gaben und geben „echte" Zigeuner ihr Wissen niemals an Menschen weiter, die nicht zu ihnen gehören.

Aus der Hand zu lesen hat allerdings nichts mit Mystik zu tun. Es ist jedem, der sich dafür interessiert, möglich, die Zeichen der Hand einzusetzen, um eine Persönlichkeit zu entschlüsseln. Mit dem vorliegenden Buch werden Sie dazu bald in der Lage sein. Sie werden nicht nur sich selbst besser verstehen, sondern auch Gesprächspartner rascher einschätzen können. Dies ist eine große Hilfe im Alltag, denn Hände können Sie jederzeit unauffällig beobachten. Wenn Sie dies Buch durchgearbeitet haben, brauchen Sie dazu nicht einmal mehr umständlich die Innenfläche der Hand zu studieren – bald reicht ein Blick auf die Außenhand des Gegenübers, und Sie sind bereits über Wesentliches im Bilde.

In dem Kapitel über die Kinderhände werden Sie viele Hinweise finden, wie Sie Ihrem Kind bei Entwicklungsschwierigkeiten helfen können. Die Kinder der Jahrtausendwende sind anders – das beweisen schon ihre Hände. In diesem Buch finden Sie Betrachtungen zum Thema Kinderhände, die auf dem neuesten Stand sind.

Lassen Sie sich zum Durchgehen dieses Buchs ein wenig Zeit, dies ist kein Thema, das man sich durch „Überfliegen" wirklich zu eigen machen könnte. Aber schon nach einiger Übung werden Sie sich und Ihre Mitmenschen in einem neuen Licht sehen: Es liegt in Ihrer Hand!

Geschichte der Handlesekunst

Der Ursprung der Kunst, aus der Hand Eigenschaften, Gesundheitsprobleme oder kommende Ereignisse zu lesen, verliert sich im Dunkel der Geschichte. Gleichwohl finden sich gerade über die Chiromantie – diese Bezeichnung für die Handlesekunst stammt aus dem antiken Griechenland – sehr frühe schriftliche Überlieferungen. Das Studium der Hand wurde in allen Erdteilen ausgeübt: Es gibt asiatische und europäische Schriften aus dem Altertum, archäologische Funde aus Babylon, wie Reliefzeichnungen auf Stein, und von den Vorfahren der Babylonier, den Chaldäern. Auch bei den alten Kulturen von Tibetern, Sumerern, Ägyptern und Persern weisen Kunst und Überlieferung auf die Praxis des Handlesens hin, da seit dem Altertum auch die Ärzte und Heiler diese Methode als Diagnosemittel einsetzten.

Die älteste schriftliche Anweisung zum Handlesen stammt aus Indien und ist etwa 2000 v. Chr. verfaßt worden. Dieses Manuskript bezieht sich auf uralte vedische* Schriften, die „Gesetze des Manu“. Das Lesen in der Hand gehörte zur Tätigkeit der Priester und Weisen und wurde im alten Indien „Samudrika“ genannt, was in Sanskrit soviel wie „Glückszeichen“ und „Linien“ bedeutet. *„Wenn die Linien deiner Hand die Form eines Elefanten bilden, wirst du ein mächtiger Führer werden“*, ist eine der Beschreibungen, die sich in dem altindischen Text finden.

Der Franzose George Soulié de Morant verbrachte im achtzehnten Jahrhundert einige Jahrzehnte im chinesischen Kaiserreich und schil-

*(Veden: altindische religiöse Schriften)

dert in seinem Buch ausführlich den Stand dieser Kunst im alten China. So beschreibt er, daß sich alle zeitgenössischen Titel auf ein verlorengegangenes Lehrbuch aus dem Jahr 32 n. Chr. bezögen. Dieses verschwundene Buch wiederum habe alte Weisheit über die Chiromantie aus dem Altertum der chinesischen Hochkultur enthalten. Die klassischen Standardwerke der Chiromantie trugen in China malerische Titel, etwa „Sammlung des Wasserspiegels zum Entziffern des Bewußtseins“ oder „Vollkommene Tabellen für die Entzifferung des Bewußtseins“. Laut Morant stand die Handlesekunst in China (im achtzehnten Jh.) in hohem Ansehen und wurde besonders auch von Ärzten zur Erforschung von Krankheitsursachen angewandt. Tatsächlich galt im klassischen Altertum Chinas die Handlesekunst als der erste Grad der magischen Wissenschaften.

Über diese beiden Hochkulturen verbreitete sich die Kenntnis der Handlinien in den gesamten Orient – in der arabischen Welt ist das „Ilm-ul-kaff“, so der arabische Ausdruck dafür, noch heute eine angesehene Wissenschaft – und gelangte schließlich in das klassische Griechenland. Der Überlieferung nach fand Aristoteles* auf einem Hermes**-Altar ein arabisches Manuskript über die Handlesekunst. Aristoteles gilt auch als Autor mehrerer Abhandlungen über die Hand: Das Buch “Chiromantia” ist die älteste europäische Schrift über die wissenschaftliche Handanalyse.

Die Griechen des Altertums unterschieden zwischen der „Chirosophie“, der medizinisch-psychologischen Betrachtung der Hand, und der „Chiromantie“, als der Kunst, aus den gegebenen Informationen

*(griechischer Philosoph 384–322 v. Chr.) **(Hermes, Götterbote und Gott der Kaufleute und Diebe)

Vorhersagen über die Zukunft eines Menschen zu machen. Auch Alexander der Große[1], Anaxagoras[2], Hippokrates[3], Artemidoros von Ephesus[4] und Claudius Ptolemäus[5] galten als begeisterte Schüler der Chiromantie.

Im Alten Testament schließlich finden sich reichlich Hinweise darüber, wie verbreitet und angesehen die Handlesekunst im Altertum war. Hier zwei der eindrucksvollsten Zitate: *„Aller Menschen Hand hat ER versiegelt, daß die Menschen lernen, was ER tun kann“* – Hiob, 37,7; *„Langes Leben in ihrer rechten Hand, in ihrer Linken ist Reichtum und Ehre“* – Sprüche 3,16.

Mit dem Untergang des römischen Weltreiches scheint die Chirologie im Abendland nur noch ein Interessensgebiet weniger Geheimgelehrter gewesen zu sein, während im arabischen Kulturraum diese Wissenschaft, wie viele andere, weiterhin gepflegt wurde. Auf diese Weise gelangten mit den Kreuzrittern im Mittelalter auch wieder Manuskripte über die Handlesekunst in das christliche Europa. Auf die gebildete Welt des Abendlandes machte dies zunächst keinen tieferen Eindruck. Immerhin gab es gelegentlich Gelehrte, die sich mit dem Thema beschäftigten, wie etwa der Deutsche Johann Hartlieb, der 1448 ein fundiertes Buch zu diesem Thema herausgab.

Weitere dreihundert Jahre später hingegen, etwa ab 1600, beweist eine Fülle von populärwissenschaftlichen Veröffentlichungen, wie sehr die Bevölkerung von der Handlesekunst Besitz ergriffen hatte. Immerhin lodern zu dieser Zeit überall die Hexenfeuer, die Inquisition macht ihre unerbittliche Jagd auf die Andersgläubigen, zudem verwü-

---

[1](makedonischer König, 336–323 v. Chr) [2](griechischer Philosoph, um 500 v. Chr.) [3](griechischer Arzt, um 460 v. Chr.) [4](griechischer Schriftsteller, 2. Jh. n. Chr.) [5](ägyptischer Geograph, Astronom, Mathematiker 85-160 n. Chr.)

sten die Schrecken des Dreißigjährigen Krieges Europa. Angesichts dessen ist es erstaunlich, daß die Handlesekunst soviel interessierte Öffentlichkeit findet!

Die Chiromantie hat also etwa im siebzehnten Jahrhundert ihre europäische Ausprägung gefunden, die sich wesentlich von beispielsweise der chinesischen oder der arabischen unterscheidet. Verschiedenartige Lebensumstände und eine andere Geisteshaltung bringen auch ein eigenes Schicksalsgefüge hervor.

Hinweis auf Krankheit, Warnung vor gewaltsamem oder frühem Tod, Fürstengunst oder Reichtum durch Mitgift – solche Themen spricht beispielsweise Praetorius* in seinem Buch an und nennt Zeichen der Hand, die solche Ereignisse ankündigen. Es ist also die Chiromantie, die Wahrsagekunst, die zwei- bis dreihundert Jahre lang die europäischen Kundigen beschäftigt. Es findet sich noch ein sehr praktischer Hinweis bei Praetorius: Dem einfachen Volk, das ein Leben lang schwere Arbeit mit den Händen verrichten müsse, sei nicht aus der Hand zu lesen, weil Schwielen und Hornhaut die Linien verdeckten. Und ohnehin scheint die „typische" Hand zu Johann Praetorius' Zeit (1661) die derbe Erdhand gewesen zu sein, mit kurzen, fast plumpen Fingern und spateligen Fingerkuppen (vgl. S. 35): Im genannten Werk wird kein anderer Handtyp abgebildet, obwohl der Autor schildert, daß er sich hauptsächlich mit der Hand von Edelleuten und reichen Bürgern beschäftigt habe, weil nur in diesen Händen noch Linien zu erkennen seien.

Aber auch als Wissenschaft setzte sich die Handlesekunst durch: Im ausgehenden achtzehnten und beginnenden neunzehnten Jahrhundert

---

*(europäischer Schriftsteller, 17. Jh.)

konnte man Chiromantie gar an den Universitäten studieren. Doch schon in der zweiten Hälfte des neunzehnten Jahrhunderts, als die Naturwissenschaft mit ihrem Nachweismechanismus aus Experiment und Beweis zum alleinigen Merkmal für Wissenschaftlichkeit wurde, verschwand die Handlesekunst als "lächerlicher Aberglaube" aus dem Lehrplan der Hochschulen.

Zahlreiche Kundige, als Beispiel sei der Deutsche Carl Gustav Carus genannt, mühten sich ab diesem Zeitpunkt, naturwissenschaftliche Beweise für die Handanalyse zu finden. Wesentlich beigetragen zur Anerkennung der Handlesekunst als Wissenschaft hat auch der Franzose Adolphe Desbarrolles. Angeregt wurde er durch eine Begegnung mit dem Hauptmann d'Arpentigny, den er bei dem Schriftsteller Alexandre Dumas kennenlernte. Casimir d'Arpentigny hatte als junger Offizier der napoleonischen Armee sich von einer Zigeunerin aus der Hand lesen lassen. Das Ergebnis dieser Lesung war so zutreffend gewesen, daß dieser Vorgang dem Offizier keine Ruhe ließ. Er widmete später einen großen Teil seiner Zeit dem Studium dieser Kunst und verfaßte selbst Bücher über das Handlesen.

Auf dem zweiten Kongreß für Experimental-Psychologie in Paris im Jahr 1913 schließlich wurde die Chirologie als Wissenschaft anerkannt, nur knapp siebzig Jahre, nachdem man sie als Aberglauben von den europäischen Universitäten verbannt hatte. Dabei standen die medizinischen Untersuchungen im Vordergrund. So führte die amerikanische Psychologiestudentin Elizabeth Wilson 1924 einen statistischen Vergleich der Hände gesunder und geistig behinderter Menschen durch. Wenige Jahre später folgte Dr. Charlotte Wolf mit einer umfassenden wissenschaftlichen Untersuchung der Hände straffällig gewordener Jugendlicher. Zwischen 1950 und 1960 schließlich veröffentlichte der amerikanische Arzt Dr. Eugene Scheimann das Ergebnis seiner Studie über die Merkmale der Hände von Alkoholikern und Patienten mit sexuellen Problemen. Aus den dreißiger Jahren des letzten Jahrhunderts schließlich stammt die wahrscheinlich bekannteste Untersuchung der Hand: nämlich die Feststellung, daß die Papillarmuster der Finger bei jedem Menschen eine individuell unterschiedliche Ausprägung haben, so daß Fingerabdrücke als Beweis bei Strafprozessen gelten. 1967 schließlich folgte, ebenfalls in Amerika, die Erkenntnis, daß das Studium der Hautlinienmuster Aufschlüsse über Krankheiten geben kann.

Viele Merkmale der Hände, der Fingernägel und Finger gelten als zum klassischen Umfang zumindest einer naturheilkundlichen medizinischen Untersuchung gehörig, etwa die sogenannten Löffelnägel bei Lungenleiden, die Uhrglasnägel bei Nierenerkrankungen oder ein blasses Nagelbett bei Anämie. Die Handlesekunst ist also zu keinem Zeitpunkt so geächtet gewesen, wie andere magische Praktiken. Ursache dürfte sein, daß eine solche Kunst eben „handfest" ist, für jeden Interessierten durch Beobachtung nachzuprüfen und zu erlernen.

An der Schwelle zum dritten nachchristlichen Jahrtausend läßt sich feststellen, daß die menschlichen Hände sich verändern. Im Verlauf der letzten Jahrzehnte habe ich viele hundert Kinderhände betrachtet. Vergleiche ich meine Ergebnisse mit denen, die vor nur etwa fünfzig Jahren ermittelt wurden, kann ich zu keinem anderen Schluß kommen. Wie ist das zu verstehen?

In der antiken chinesischen Weltauffassung gab es keine Ausnahme vom Gesetz der Kausalität oder, deutlicher ausgedrückt, keinen freien

Willen des Menschen. Das spiegelte sich selbstverständlich auch im Studium der Hand. In den Ausprägungen der Hand wurde die Ursache für die Handlungen des Menschen gesehen. Anders in der altgriechischen Auffassung, auf der unsere europäische Handlesekunst zurückgeht. Die Griechen unterschieden sofort zwischen der Betrachtung der Hand und der Möglichkeit, daraus Schlüsse auf das Verhalten des Menschen zu ziehen. Der zweite Schritt war als Denkprozeß gedacht, und diesen kann jeder heute nachvollziehen. Doch auch im Abendland lebte über nahezu zweitausend Jahre die Vorstellung, daß in der Hand ein vorherbestimmtes Schicksal zu lesen sei. Die Chiromantie des dritten Jahrtausends hingegen kann eine solche Auffassung nicht gelten lassen.

Ohne Zweifel zeigt die Hand gewisse Strukturen der Persönlichkeit auf, aber die unveränderlichen Merkmale der Hand werden immer weniger. Einer der ersten, der Veränderungen an den Handzeichen beobachtete, war der Arzt Paracelsus*. Deshalb äußerte er große Zweifel, ob die Praxis der Chiromantie, wie sie zu dieser Zeit üblich war, überhaupt noch ernst zu nehmen sei. Im neunzehnten Jahrhundert wird in den Büchern zum Thema die zögernde Frage formuliert, ob sich die Linien des Handtellers wohl im Laufe des Lebens ändern, heute kann daran kein Zweifel mehr bestehen: Die Linien verändern sich, je nachdem, wie der Mensch seine Probleme meistert.

Damit läßt sich über die letzten drei Jahrhunderte eine Entwicklung dahingehend feststellen, daß der Mensch mehr und mehr Herr seines Schicksals wird. Daß allerdings auch dieses Schicksal, oder Karma, immer vielfältiger wird, soll die Darstellung der Kinderhände in einem eigenen Kapitel zeigen.

---

*(deutscher Arzt, 1494–1541)

Die moderne Handlesekunst muß also zur Persönlichkeitsanalyse werden, welche die Anlagen eines Menschen entschlüsselt, da Ereignisse sich nicht mehr automatisch aus den Mustern der Hand ableiten lassen. Das Studium der Hand verhilft jedem, der sich mit dem Thema beschäftigen will, sich selbst besser zu verstehen und dadurch seine Schwierigkeiten in Stärken umzuwandeln. Und selbstverständlich können Sie nach einiger Zeit anderen Menschen den gleichen Dienst erweisen, in dem Sie diesen aus der Hand lesen!

Praxis des Handlesens

Nehmen Sie sich das Buch in ruhigen Stunden vor, und bearbeiten Sie nicht zu viele Kapitel hintereinander. Sie lernen schneller, wenn Sie sich immer einige der Handzeichen vornehmen und diese dann für einige Tage üben, das heißt, sich zuerst Ihre eigenen Hände und dann die Ihrer näheren und weiteren menschlichen Umgebung betrachten. Erfahrungsgemäß wird dies auf viel Interesse bei den „Versuchsobjekten" stoßen – sagen Sie also ganz offen, daß Sie noch lernen! Wie Sie eine vollständige Handanalyse gestalten, und welcher Rahmen dafür geeignet ist, darauf werde ich am Ende dieses Buches eingehen, wenn Sie sich alle nötigen Kenntnisse angeeignet haben.

Aufbau und Bedeutungsebenen der Hand

Bevor wir einsteigen, noch etwas über die grundlegende „Landkarte" der Hände. Die *Handwurzel*, also der Bereich des Handgelenks und des unteren Teils des Handtellers, gilt als der Bereich des *genetisches Erbes*, das sich im physischen Leib äußert, der *Handteller* stellt die bewußte Mitte des *menschlichen Seins* dar, die *Finger* das *geistige Streben*. Die Finger sind dann auch noch einmal dreigeteilt: Das *unterste Glied* steht für das *Wollen*, das *mittlere* für das *Fühlen*, das *Nagelglied* für das *Denken*.

Unter der *inneren Hand* versteht man den Bereich des Daumens, des Daumenballens bis hin zum Zeigefinger und die in diesem Bereich sich befindenden Linien und Zeichen. Darin werden die Grundkräfte des Menschen für Erhaltung, Durchsetzung und Überleben dargestellt. Die *Mitte* bildet der Mittelfinger mit der Schicksalslinie als Übergang zur *Außenseite* der Hand. Der Ringfinger mit der Wahrnehmung des Schönen, das uns über das tierische Dasein erhebt, und der kleine Finger als Symbol des Beziehungslebens sowie die Linien und Zeichen dieser Seite des Handtellers, die im übrigen alle geistigen Neigungen in den Linien und Papillarmustern des Handkantenberges einschließt, vervollständigen das Bild des Menschen.

Diese Darstellung stammt aus der europäischen Tradition. In alten Manuskripten wird eine enge Verbindung zwischen Astrologie und Chiromantie hergestellt, auch alle Namen und Erklärungen werden aus der Astrologie übernommen. Ich verwende jedoch ausschließlich Bezeichnungen, die sich aus der Handanatomie ergeben, und lasse die astrologischen Namen fort. Meiner Ansicht nach ist die Beziehung zwischen Astrologie und Handlesekunst trotz der Tradition als erzwungen anzusehen. Es finden sich nicht genügend Finger oder Fingerberge in einer menschlichen Hand (nicht einmal in beiden Händen!), um die zwölf Tierkreiszeichen unterzubringen, ein Umstand, der den bereits zitierten Paracelsus zu beißendem Spott verführte.

Die Handlesekunst braucht jedenfalls keinen astrologischen Beweis, um zu überzeugen! Das werden Sie nach wenigen Kapiteln selbst feststellen.

Zunächst stelle ich die – wenigen – unveränderlichen Merkmale der Hand vor. Diese sind von besonderer Bedeutung, denn es handelt sich um stark prägende Elemente im Leben des Handeigners, nämlich die eigentlich schicksalhaften Strukturen des jeweiligen Menschen. Handform und Fingergestalt können Sie sehr gut auch an der Außenhand beobachten, Papillarmuster allerdings nur bei genauer Betrachtung der Innenseite der Hand bzw. Finger bei gutem Licht.

Den größeren Teil machen allerdings die veränderlichen Zeichen der Hand aus. Diese mögliche Veränderung rechtfertigt eine gelegentliche Wiederholung der Handanalyse, wenn auch in größeren Zeitabständen, denn so schnell wiederum ändern sich Linien oder Formen nicht.

Wenn Sie alle Elemente nacheinander betrachten, kommen Sie recht häufig zu scheinbar widersprüchlichen Ergebnissen. Beispielsweise könnte der Abstand der Finger darauf hinweisen, daß Sie es mit einem Menschen zu tun haben, der sehr eigenständig handeln will,

Fingerform oder Papillarmuster der Fingerkuppen wiederum jemanden charakterisieren, dem Harmonie und Gleichklang mit seinen Mitmenschen das Wichtigste ist. Sehr häufig scheint sogar eine Eigenschaft die andere aufzuheben. Dadurch entsteht jedoch das notwendige Gleichgewicht im Leben der meisten Menschen. Trotzdem können diese Widersprüche zu inneren Spannungen führen. Sie müssen also beispielsweise an den Linien zu erkennen suchen, ob dem Handeigner der Ausgleich seiner unterschiedlichen Anlagen gelingt. Im äußerlichen Verhalten des Menschen muß von diesem Spannungsfeld nicht unbedingt etwas zu bemerken sein, eine solche Situation erkennen Sie tatsächlich nur durch die Handanalyse. Das ist ein Grund, weshalb sich viele Menschen zum ersten Mal richtig verstanden fühlen, wenn ihnen in richtiger Weise aus der Hand gelesen wird.

Gesundheitliche Diagnosen gehören traditionell zu den ältesten Anwendungsgebieten der Handlesekunst. Ich beschränke mich auf wenige Hinweise, die jedem nützen können. Ausgefeilte Diagnosen dagegen gehören in den Bereich der Heilkunde. Seien Sie aber auch hier mit Warnungen vorsichtig, bevor Sie sich nicht eine vollständige Handanalyse erarbeitet haben. Es ist nie sinnvoll, bei einem Menschen Ängste zu wecken. Wenn Sie eine Schwachstelle entdecken, verwenden Sie deshalb immer eine positive Formulierung. Deuten beispielsweise fehlende Fingerberge auf eine Schwächung der Lebensenergie, dann weisen Sie die entsprechende Person darauf hin, daß ein ausgedehnter Erholungsurlaub in der nächsten Zeit ihr besonders guttun würde.

Anderen Menschen aus der Hand zu lesen, erfordert viel psychologisches Feingefühl. Entscheiden Sie selbst, ob Ihnen eine solche Aufgabe zusagt!

Zu Beginn beschreibe ich Handzeichen, die ohne besondere Vorbereitung im Alltag wahrgenommen werden können. Die Form der Hand können Sie jederzeit erkennen, beispielsweise die Hand eines Gegenübers während einer Unterhaltung, bei Vorträgen, oder bei einer Unterhaltungssendung im Fernsehen! Wenn Sie die Handtypen sicher erkennen, wagen Sie sich an die unterschiedlichen Ausprägungen der Finger, damit wissen Sie bereits Wesentliches von einem Menschen. Betrachten Sie stets zuerst die Abbildung, danach lesen Sie den dazugehörigen Text. Anschließend üben Sie die Praxis, indem Sie Hände auf das Gelernte hin untersuchen.

Teil 1
Die bleibenden Zeichen der Hand

Das Armband

Um das Handgelenk laufen ringförmig zwei, drei- oder vier Parallellinien. Häufig haben sie Kettenform, und dies führte zu dem Namen *Armband* (Abb. unten). An dieser Stelle liegt das eigentlich Schicksalhafte, die Erbmasse oder der Urgrund der Hand. Je klarer die Ringe ausgebildet sind, um so besser sind die vorhandenen Anlagen, die dem Menschen zur Bewältigung seiner Lebensaufgaben zur Verfügung stehen. Dabei steht die rechte Hand für die väterlichen, die linke für die mütterlichen Erbanlagen. Zerbrochene Armringe der linken Hand weisen denn auch in der traditionellen Deutung bei einer Frau auf schwere Geburten hin.

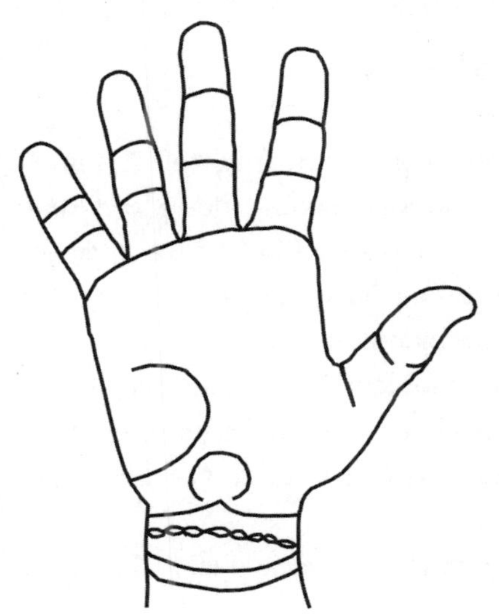

Als ideal gelten drei schön und klar ausgebildete Armbänder an beiden Handgelenken, diese werden in der Literatur als das „königliche Bracelet" bezeichnet, und die Entdeckung dieses Merkmals (unter anderen günstigen Zeichen) führte zu jener historischen Deutung der Marianne Lenormand, die im Gefängnis der zum Tod verurteilten Josephine Beauharnais voraussagte, sie werde die nächste Königin Frankreichs. Dies schien zur damaligen Zeit – es tobte die französische Revolution – und angesichts der Lage, in der sich die spätere Kaiserin Josephine zu jenem Augenblick befand, so unglaubwürdig, daß es allen Anwesenden, sofern sie überlebten, nachhaltig im Gedächtnis blieb. Jedenfalls gelten drei Armbänder, gleich welcher Beschaffenheit, als Zeichen für ein langes Leben, denn noch im neunzehnten Jahrhundert ging man davon aus, daß jedes Armband dreißig Lebensjahre darstellte. Auch wenn dies angesichts der recht langen Lebenserwartung der Wohlstandsgesellschaften nicht mehr so sein kann, bleibt doch die Grundaussage gültig.

Die Handtypen

Fast jeder Schriftsteller, der sich mit der Chiromantie befaßt, hat eigene Handtypen entwickelt. Die erste Betrachtung der Hand, und zwar, wenn möglich, bereits der Außenhand, sagt bereits wesentliches über den Handeigner aus. Die älteste Einteilung der Hände ist jedoch diejenige nach den Elementen. Die chinesische Tradition kennt fünf Elemente, entsprechend unterteilt sie die Menschen in fünf Typen, und wendet das System auch auf die Hände an. Die westliche Kultur, insbesondere das europäische Abendland, dagegen kennt vier Elemente, nämlich Erde, Wasser, Feuer und Luft.

Aristoteles wies diesen vier Elementen auch vier Charakterstrukturen zu, nämlich jene des Phlegmatikers[1], des Melancholikers[2], des Cholerikers[3] und des Sanguinikers[4]. In der antiken griechischen Medizin wurde auch entsprechend diesen Typen behandelt. Die Chiromantie war in diese Einteilung mit eingebettet und so unterschied man in Europa seit der griechischen Antike vier Handtypen. Da mit diesen sogenannten Temperamenten aber viele charakterliche Wertungen einhergehen, setze ich diese Typenbezeichnungen nicht ein, sondern verwende die Begriffe der Elemente. Dennoch ist ein Zusammenhang natürlich da – die Feuerhand entspricht dem Choleriker, die Wasserhand dem Melancholiker, die Erdhand wäre dem phlegmatischen Menschentypus zuzuordnen, und die Lufthand dem sanguinischen.

Diese vier europäischen Handtypen sind seit Aristoteles gültig, jedes andere System geht auf die Vier-Elemente-Theorie zurück, ohne die Klarheit der ursprünglichen Einteilung zu erreichen. Der für die Wasserhand beispielsweise häufig verwendete Begriff "sensible" Hand ist irreführend, denn sensibel wird hier als seelische Qualität verstanden, und über die kann genauso gut ein Mensch der Erdhand verfügen – seelische Feinfühligkeit ist an der Handform allein noch nicht zu erkennen. Die Handform verrät uns etwas über die zugrundeliegende Persönlichkeitsstruktur. Diese verändert sich während des gesamten Lebens nicht, sie ist das wichtigste unter den unveränderlichen Merkmalen einer Hand. Es ist also ein wesentlicher Bestandteil der Selbsterkenntnis und auch der sozialen Reife, den Handtyp als Grundlage eines Charakters zu verstehen.

Daß im zwanzigsten Jahrhundert diese Handtypen wieder bekannt wurden, ist das Verdienst der Autoren Fred Gettings und Andrew

[1-4](Lehre der Temperamente: sanguinisch = fröhlich-lebhaft, phlegmatisch = langsam, gründlich, melancholisch = traurig, still, cholerisch = zornig, tatkräftig)

Fitzherbert. D'Arpentigny, der mehr als hundert Jahre die weitere Literatur zur Handlesekunst maßgeblich beeinflußte, hatte nämlich in diesem Bereich eine ziemliche Verwirrung gestiftet, indem er die Form des Handtellers mit der Fingerform mischte und acht bis neun Handtypen daraus entwickelte.

Einen quadratischen Handteller finden wir bei der Erd- und der Lufthand. Die Finger der Erdhand sind kürzer, als der Handteller, die der Lufthand länger. Feuer- und Wasserhand erkennen wir an dem rechteckigen Handteller. Zur Wasserhand gehören lange Finger, zu Feuerhand wiederum die kürzeren. Auch in diesem Fall ist lang und kurz im Verhältnis zum Handteller zu sehen. Selbstverständlich gibt es auch Mischtypen, allerdings doch verhältnismäßig selten. Bevor Sie zu dem Schluß „Mischhand" kommen, messen Sie gegebenenfalls das Verhältnis von Handteller und Fingerlänge aus! Wahrscheinlich entdekken Sie in den meisten Fällen, daß es sich doch um einen eindeutigen Handtyp handelt. Wenn nicht, haben Sie mit Sicherheit einen nicht alltäglichen Menschen vor sich!

Traditionell beschreibt die rechte Hand das Verhalten zur Außenwelt, die linke Hand das Innenleben. Darüber hinaus ist in der linken Hand laut Rudolf Steiner* das Karma zu erkennen, in der rechten die persönliche Tüchtigkeit. Damit weist die linke Hand auf dasjenige, was der Mensch sich aus vergangenen Erdenleben mitgebracht hat, die rechte auf das, was er aus diesen Anlagen macht und auch auf dasjenige, was in die Zukunft hinein wirkt. Man braucht einige Übung, um dies in den Händen nutzbringend zu deuten. Ein Merkmal, das auf diese Tatsache zurückgeht, ist, daß die rechte Hand mehr Linien aufweist,

*(Begründer der Anthroposophie, 1861–1925)

während in der linken Veränderungen weitaus langsamer vonstatten gehen.

Für Linkshänder gilt diese Regel ebenfalls, denn Rechts- oder Linkshändigkeit sagt ja nur etwas über die Vorherrschaft der jeweiligen Gehirnhälfte aus. Laut neuerem Stand der Gehirnforschung ist die linke Gehirnhälfte (welche Fühlen und Bewegen der rechten Körperseite beeinflußt) Ausdruck des analytischen, logisch-sprachlichen Denkens, die rechte Gehirnhälfte (Einfluß auf die linke Körperhälfte, s.o.) Sitz des ganzheitlichen, synthetischen Denkens. In der Handlesekunst läßt sich feststellen, daß Linkshänder ihr Innenleben leichter zum Ausdruck bringen können, als Rechtshänder. Ob eine „echte" Linkshändigkeit vorliegt, läßt sich daran erkennen, daß dann eben die linke Hand mehr Linien aufweist als die rechte und sich diese rascher und häufiger verändern als die Zeichen der rechten. Des weiteren gilt – wie bereits beim „Armband" gesagt – in der Handlesekunst, daß die linke Hand das mütterliche und die rechte Hand das väterliche Erbgut wiedergibt. Dies ist nur dann von Bedeutung, wenn die Muster der beiden Hände voneinander abweichen, was allerdings häufig vorkommt.

Ungewöhnlich große Hände zeugen von ausgeprägtem feinmotorischem Geschick, sehr kleine Hände von guten organisatorischen Fähigkeiten. Die Handform ist üblicherweise bei beiden Händen gleich. Eine Abweichung von dieser Regel ist mir noch nie begegnet, würde aber auf eine Persönlichkeitsstörung hinweisen. Betrachten Sie zunächst die Abbildung der Handtypen, und lesen Sie anschließend die dazugehörige Beschreibung.

Die Feuerhand

Die Feuerhand besteht aus einem rechteckigen Handteller und kürzeren Fingern. Häufig sind die Finger kräftig. Die Handlinien sind stark und klar. Menschen mit einer Feuerhand sind energisch, tatkräftig, und sie verfügen in der Regel über eine robuste Gesundheit. Im Gemüt sind sie gefühlsbetont und extrovertiert, häufig auch leicht gereizt und auffahrend, aber fast immer mit charismatischer Ausstrahlung. Sie herrschen gerne über andere. Sie befinden sich daher fast immer in führenden Positionen, sind im Beruf und im Privatleben erfolgreich und geben mit ihrer unerschütterlichen Schaffensfreude der Gemeinschaft stets neue Impulse.

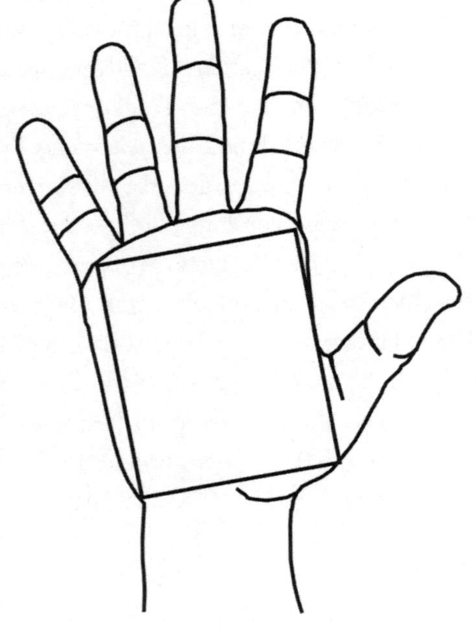

Die Wasserhand

Die Handfläche der Wasserhand ist ebenfalls rechteckig, eher schmal gebaut, die Finger sind lang oder sehr lang und schlank. Die Muster und Handlinien sind deutlich und zart gezeichnet, es finden sich meist eine Fülle von Zeichen. Menschen mit Wasserhänden sind gefühlvoll und introvertiert, nachdenklich und kultiviert. Zwar wirken sie friedlich und harmonieliebend, sind aber nachtragend. Sie stehen ungern im Vordergrund und brauchen häufige Ruhepausen. Im Beruf wie im Privaten zeigen sie Idealismus und Verantwortungsbewußtsein und sind gerne für andere tätig.

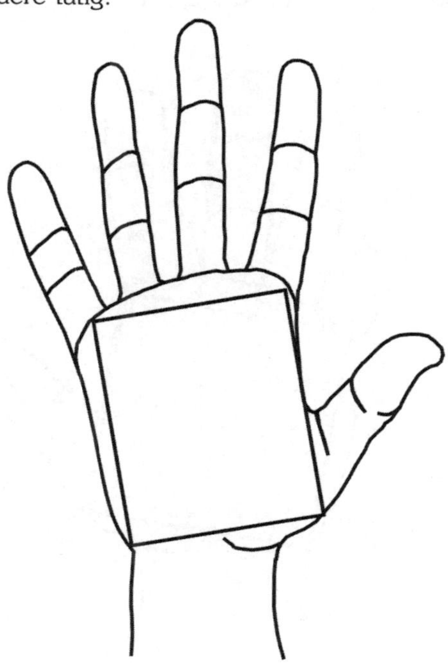

Die Erdhand

Die Handfläche der Erdhand ist quadratisch, die Finger kurz und häufig gedrungen. Meist finden sich in diesen Händen wenige, klare Muster, und diese sind kräftig ausgebildet. Menschen mit Erdhand sind langsam, zuverlässig, praktisch orientiert und sehr ausdauernd. Von der Gefühlsseite her sind sie ein ruhender und ausgleichender Pol in jedem sozialen Zusammenhang. Mit unerschütterlicher Strebsamkeit erreichen sie ihr berufliches Ziel – wenn auch später als andere, dafür aber um so sicherer! Wenn sie ihrem Lebensrhythmus folgen können, sind sie sehr gesund, Hektik und Hetze allerdings bringen sie aus dem Gleichgewicht.

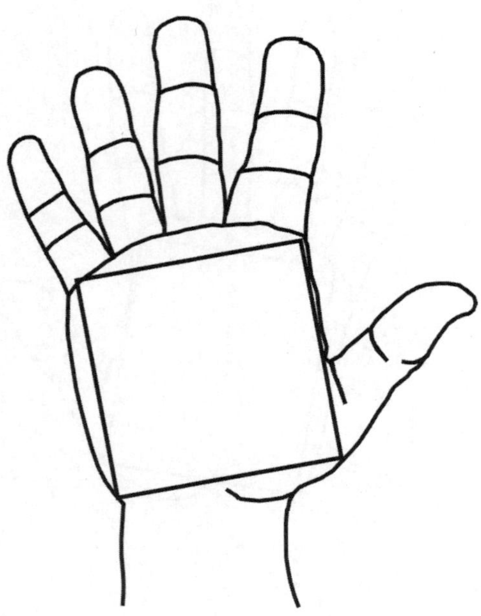

Die Lufthand

Die Handfläche der Lufthand ist quadratisch, die Finger sind schlank und mindestens so lang wie der Handteller, aber häufig auch länger. Die Linien und Muster sind dünn oder fein, aber klar und deutlich. Menschen mit Lufthand sind geistig rege, wißbegierig und gebildet. Sie können sich gut ausdrücken – durch Worte oder Gesten. Sie arbeiten viel, und oft an unterschiedlichen Aufgaben gleichzeitig. Zwar wirken sie ausgeglichen und heiter, sie müssen dieses Gleichgewicht aber ständig seelisch ausbalancieren und daher stets ihre eigenen Gedanken und Gefühle reflektieren. Wo Menschen mit Lufthänden auftreten, geschieht etwas, und das Leben wird für die Gemeinschaft interessanter.

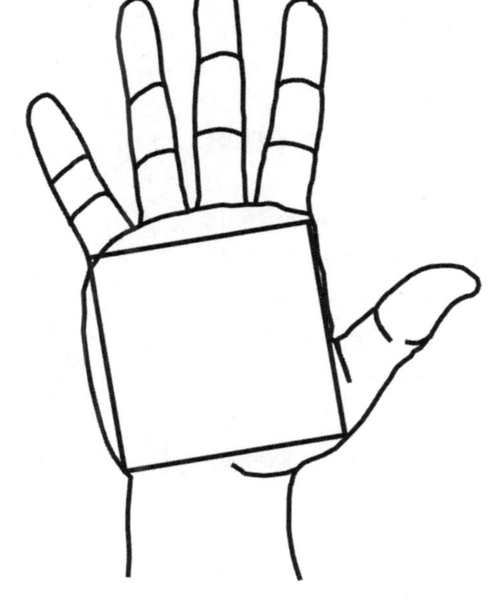

Der Fingerabstand

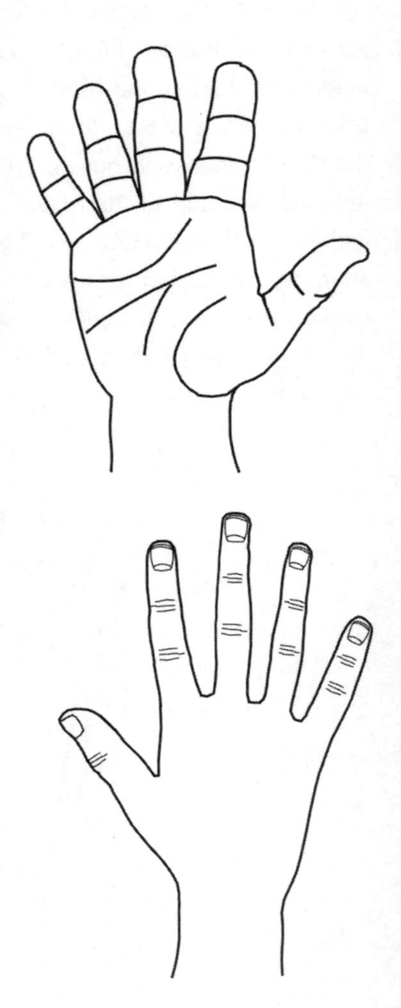

Eng stehende Finger

Ein Mensch mit eng beieinander stehenden Fingern (Abb. oben) paßt sich gesellschaftlichen Konventionen und Regeln gern an. Er ist in diesem Sinne ordnungsliebend und wertkonservativ. Die Zustimmung seines sozialen Umfelds ist ihm sehr wichtig.

Weit auseinanderstehende Finger

Menschen mit großen Fingerabständen (Abb. unten) denken originell und eigenständig. Sie sind auf der Suche nach neuen Wegen und Daseinsformen und stellen ihr individuelles Dasein über alles. Häufig entwickeln sie kreative Problemlösungen.

Mäßiger Fingerabstand

Dies ist eine Erscheinung, die sich für den Betreffenden positiv auswirkt. Menschen mit mäßigem Fingerabstand denken und handeln eigenständig, sind aber durchaus in der Lage, das Altbewährte in ihre Überlegungen mit einzubeziehen. Dadurch sind sie in ihrem Handeln fast immer erfolgreich (Abb. oben).

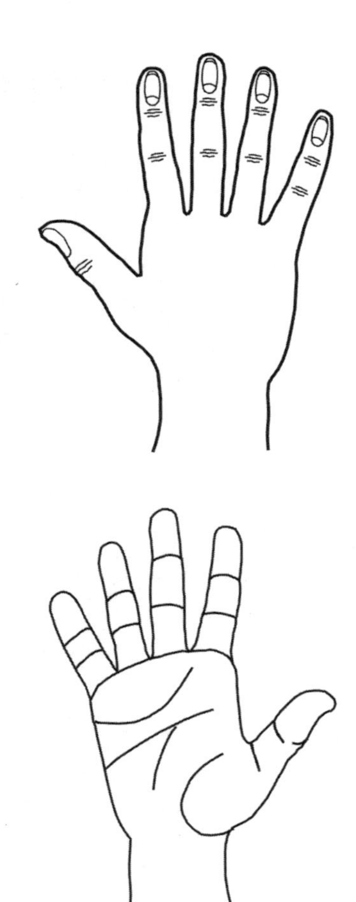

Mischformen

Häufig besteht nur zwischen gewissen Fingern ein Abstand, oder es treten größere und mäßige Abstände gemischt auf (Abb. Mitte & unten). In diesem Fall ist es für die Deutung ausschlaggebend, zwischen welchen Fingern diese Abstände liegen. Die Deutung der einzelnen Finger folgt im nächsten Kapitel.

Seltener tritt eine Mischung zwischen engem und mäßigem Fingerabstand auf. Dies ist für den Handeigner meist Ursache innerer Spannung. Welches Verhalten überwiegt, ist davon abhängig, ob mehr enge oder mehr weite Abstände zwischen den Fingern vorliegen, und um welche Finger es sich dabei handelt.

Fingertypen

Die erste Unterscheidung geht nach der Länge oder Kürze der Finger. Sind die Finger sehr kurz und eher dick, was meist zusammen auftritt, dann läßt dies auf ein einfaches Gemüt schließen. Sind die Finger lang und dünn, dann handelt es sich um einen Menschen, der zu viel auf Einzelheiten achtet und sich darin verliert. An diesen Extremen lassen sich die verschiedenen Ausformungen deuten. Am besten ist auch hier Ausgewogenheit in Länge und Breite der Finger. Ein Mensch mit einer mittleren Länge und Dicke der Finger ist im Gefühlsleben weder zu einfach noch zu kompliziert. Ausgewogenheit ist auch dem Auge meist am angenehmsten. Erscheint Ihnen an den Fingern beim ersten Blick etwas auffällig, haben Sie in der Regel ein besonderes Kennzeichen vor sich.

Es gibt vier Formen der Finger, die an der Ausprägung des letzten Fingergliedes und des Fingernagels erkennbar sind. Einer Erdhand werden zwar beispielsweise oft spatelförmige Finger zugeordnet, da sich die Eigenschaften dieser beiden Merkmale in manchem entsprechen. Grundsätzlich aber kann jede Handform in Verbindung mit jeder Fingerform auftreten – es gibt eben durchaus unterschiedliche Grundveranlagungen in jedem Menschen. Die spitzen Fingerformen treten in unserem Jahrhundert bzw. Jahrtausend eher selten auf, sind allerdings häufig auf Altarbildern des Mittelalters zu sehen, denn zu dieser Zeit sah man in dieser Form den Idealtypus der Hand.

Spatelförmige Finger

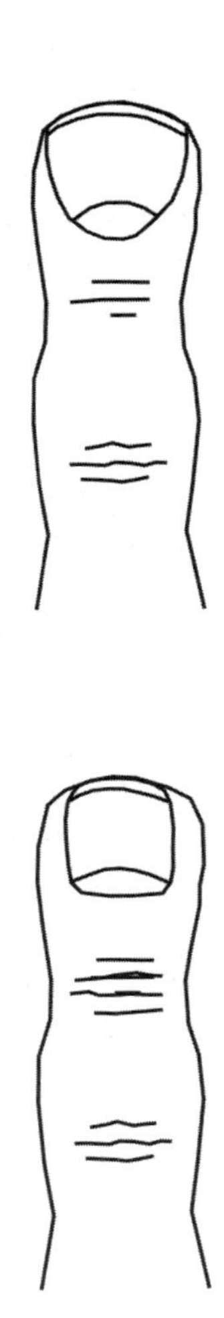

Spatelförmige Finger geben der Hand, da sie sich nach oben hin öffnen und verbreitern, ein leicht nach außen gefächertes Aussehen. Ein Mensch mit spatelförmigen Fingerkuppen ist aktiv, dynamisch und braucht viel Bewegung, vorzugsweise in der Natur, um sich wohl zu fühlen. Praktisch veranlagt und hartnäckig ist er beruflich fast immer selbständig und erfolgreich. Er zeigt sich Neuem gegenüber aufgeschlossen, seine Kreativität ist impulsiv und auf das Alltägliche bezogen. Mit seinem gesunden Egoismus meistert er das Leben.

Eckige Finger

Eine Hand mit eckigen Fingerkuppen wirkt ordentlich und gleichmäßig. Die Nägel sind rechtekkig, die Fingerspitzen haben eine abgestumpfte Form. Eine Person mit solchen Fingern arbeitet sorgfältig, methodisch und gerne nach Plan. In Gefühls- und Geldangelegenheiten zeigt sie sich bedacht und vorsichtig und wirkt daher eher kühl. Veränderungen sind nicht ihre Stärke, auch Erneuerungen nicht, aber durch Ausdauer und Beharrlichkeit meistert sie auch schwierige Situationen. Oft erreicht sie durch ihre Zuverlässigkeit im Beruf hohe Positionen.

Gewölbte Finger

Hände mit dieser Fingerform werden in alten Büchern auch „sensibel" genannt, und Frauen zugeordnet – sie kommt allerdings genauso häufig bei Männern wie bei Frauen vor. Die Hand mit runden Fingerspitzen und Nägeln wirkt harmonisch, nach oben hin leicht verjüngt. Ein Mensch mit runden Fingerspitzen ist dem Schönen und der Kunst zugeneigt, Gefühle stehen an erster Stelle. Trotz Kreativität und intellektueller Fähigkeit bleibt der Erfolg im Beruf oft aus, da die Entscheidungen je nach Stimmung erfolgen und die Ausdauer fehlt. (Abb. oben)

Spitze Finger

Eine Hand mit diesen Fingern ist nach oben hin spitz zulaufend, meist zart und fein geformt. Auch eine Person mit spitzen Fingern liebt Kunst und Bildung, ist aber ganz dem Spirituellen zugewandt. Im Idealfall läßt sie sich von einer durch geistige Übung entwickelten Intuition leiten, ansonsten hat sie Mühe, das alltägliche Leben zu bewältigen. Durch ihre starke Einfühlungskraft ist sie zu tiefem Mitleid fähig. Der klassische Beruf einer Person mit spitzen Fingern ist das Klosterleben (Abb. unten).

Hände mit unterschiedlichen Fingertypen

Meistens sind alle Finger vom gleichen Typus, aber durchaus nicht immer. Wenn also zwei oder gar drei unterschiedliche Fingerarten an einer Hand vorkommen, deutet man die Fingerform in bezug zur Bedeutung des jeweiligen Fingers. Davon mehr im Kapitel zu den einzelnen Fingern (siehe S. 54). Eine Person mit „gemischten" Fingertypen ist vielschichtiger und komplizierter strukturiert und tut sich oft schwer damit, den unterschiedlichen Strömungen in ihrem Leben zu folgen.

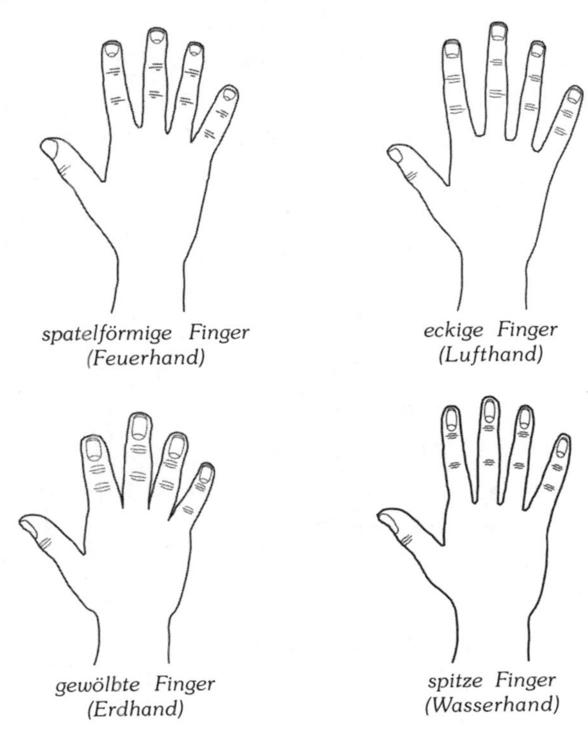

spatelförmige Finger (Feuerhand)

eckige Finger (Lufthand)

gewölbte Finger (Erdhand)

spitze Finger (Wasserhand)

Die Unterteilung der Finger

Jeder Finger besteht aus drei Gliedern, mit Ausnahme des Daumens. Diese drei Bereiche des Fingers stehen für Körper, Geist und Seele. Das Wurzelglied, das dem Handteller am nächsten steht, steht für den physischen Aspekt des Menschen, das mittlere Glied für den Gefühlsbereich, und das oberste Glied für die Gedankenwelt. Die Länge dieser Glieder ist angeboren, nicht aber die Ausformung (siehe Kapitel „Gestalt der Finger“, S. 69), was zunächst ein Vorherrschen des jeweiligen Bereiches im menschlichen Charakter anzeigt.

Der Daumen (Abb. 1–10, rechte & nächste Seite) besteht nur aus zwei Gliedern. Das Nagelglied zeigt die Willenskraft, das untere Glied die Verstandes- und Urteilsfähigkeit. Recht häufig scheint der Daumen – von der Innenseite der Hand aus gesehen – ein drittes Glied zu haben. Dieser Eindruck entsteht durch Linien. Ein „drittes“ Daumenglied weist auf eine starke körperliche Kraft hin, die sich in sexuellem Trieb oder Leistungssport äußern kann.

Zu beachten ist auch noch der Ansatz der Finger. Verschiebungen gibt es nur bei Daumen und kleinem Finger. Der Ansatz des kleinen Fingers ist beweglich und wird im Zusammenhang mit den veränderlichen Zeichen der Hand besprochen. Der Ansatz des Daumens gehört allerdings zu den unveränderlichen Merkmalen. Normal gilt ein Fingeransatz, der einen leicht gewölbten, harmonischen Bogen bildet (Abb. rechts).

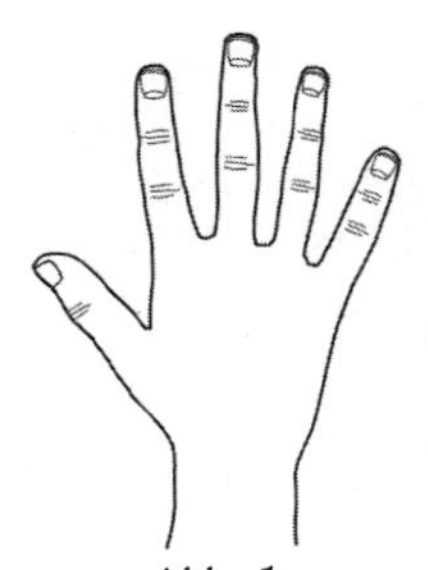

Abb. 1:
ausgewogene Daumenform, Außendrehung

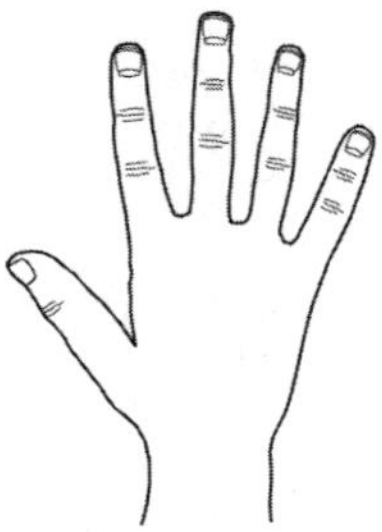

Abb. 2:
tief angesetzter Daumen, breit

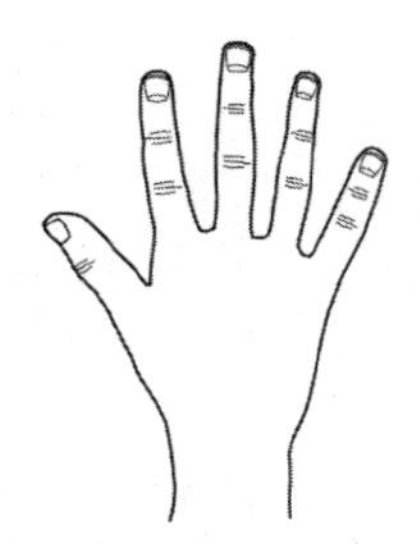

Abb. 3:
hoch angesetzter Daumen, lang

Abb. 4:
oberes Daumenglied, lang

Abb. 5:
unteres Daumenglied, lang

Abb. 6:
Keulendaumen

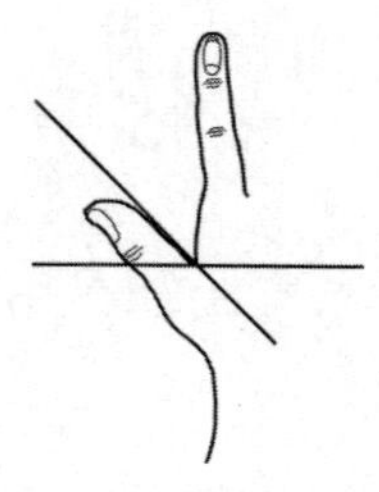

Abb. 7:
Abspreizwinkel
des Daumens

Abb. 8:
dicker Daumen

Abb. 9:
taillierter Daumen

Abb. 10:
Daumenkuppen

Papillarmuster

Das Papillarmuster der Fingerkuppe

Papillarmuster überziehen die gesamte Innenhand wie ein Netz, und sie finden sich auch an den Fußsohlen. Bereits am Ende des vierten Embryonalmonats ausgebildet, ändern sie sich im Verlauf des ganzen Lebens nicht mehr. Nach Verletzungen bilden sich die Papillarmuster wieder genauso aus wie zuvor. Bei schweren Erkrankungen scheint die ursprüngliche Ausformung in Unordnung zu geraten, aber so wie die Genesung einsetzt, kehren die ursprünglichen Muster zurück.

Für die Chiromantie sind nur die deutlich sichtbaren Muster der Fingerbeeren und des Handtellers von Bedeutung. Zu erkennen sind diese nur mit Zustimmung des Handeigners, Sie benötigen nämlich die Innenseite der Hand und gutes Licht, denn die Muster sind sehr fein. Meist herrscht an den Fingerspitzen ein Muster vor, aber einzelne Finger können ein zweites aufweisen. Sie brauchen also auch ein wenig Zeit, um alle genau zu betrachten. Es gibt viele Abweichungen der Grundmuster – es wäre gar nicht möglich, wirklich alle existierenden Ausformungen anzugeben. Sehen Sie sich also zuerst die Abbildungen genau an, und beginnen Sie dann mit dem Studium Ihrer eigenen Papillarmuster. Üben Sie an möglichst vielen Händen, denn auch dem fortgeschrittenen Handleser fällt es nicht immer leicht, die Grundform eines Musters zu erkennen. Nur häufiges Üben und Vergleichen bringt an dieser Stelle Sicherheit. Je deutlicher ein Papillarmuster gezeichnet ist, um so harmonischer kommt diese Veranlagung zum Wirken. Auch umgekehrt gilt: Verzogene Bögen, unregelmäßige Wirbel oder ungleichmäßige Schleifen verzerren die entsprechenden Veranlagungen.

Die häufigsten Muster sind der *Bogen*, die *Schleife*, und der *Wirbel* – mit allen möglichen Abwandlungen. Die Einteilung der Muster in typisch männliche oder klassisch weibliche kann heute nicht mehr gelten. Das mag daran liegen, daß die Menschen früherer Jahrhunderte weit öfter Veranlagung dazu hatten, sich einer Rolle entsprechend zu verhalten, als dies heutzutage der Fall ist.

In den letzten Jahrzehnten findet man auch immer öfter Muster wie den Tannenbogen und die Doppelschleife. In älteren Büchern zur Chiromantie gelten diese Muster noch als selten. Der Tannenbogen und die entsprechenden Eigenschaften könnte geradezu als Beispiel des Menschen des einundzwanzigsten Jh. gelten, der sich beruflich und privat in seinem Leben mehrmals verändern muß. Wichtig für die Deutung ist stets, auf welchem Finger sich das Muster befindet. Die einzelnen Finger werden im nächsten Kapitel besprochen.

Bogen

Der Bogen (Abb. rechts) deutet auf praktische, realistische Veranlagung hin. Bogenmuster kennzeichnen einen zuverlässigen, fleißigen und technisch begabten Menschen, der eher zurückhaltend in seinen Gefühlsäußerungen ist. Stimmungsschwankungen sind ihm fremd, ebenso heftige Leidenschaften. Veränderungen in seinem Leben sucht er zu vermeiden. Je flacher der Bogen, um so diesseitiger und irdischer ist die Ausrichtung des Menschen. Je höher die Linien, desto flexibler und geschickter ist der Mensch. Traditionell wird dieses Muster Männern zugeordnet.

Schleifen

Menschen, die hauptsächlich Schleifenmuster (Abb. rechts oben) an den Fingern haben – und dies sind viele – sind umgänglich, kommen mit ihren Mitmenschen gut aus und finden sich in fast jeder Situation zurecht. Bei ihnen herrscht ein ausgeglichener Gemütszustand vor. Diese durchweg positiven Eigenschaften verhelfen fast immer zu einem zufriedenen Leben, beruflich wie privat. Den ganz großen Durchbruch erleben Schleifenmuster-Typen aber selten, denn die Vielseitigkeit geht auf Kosten der Ausdauer und der Eigenständigkeit. Dieses Muster galt früher als weiblich.

Wirbel

Wirbel auf den Fingerbeeren (Abb. rechts unten) kennzeichnen eine eigenständige Persönlichkeit. Mit vielen Wirbeln ist man vom Urteil seiner Mitmenschen so gut wie unabhängig. Finden sich auf allen Fingern Wirbel, besteht die Gefahr der Vereinsamung. Wirbeltypen sind meistens auf einem oder auch mehreren Gebieten begabt und besonders gut zu selbständiger Arbeit befähigt, häufig mit großem Erfolg. Entscheidungen treffen sie nach gründlicher Überlegung und mit Ruhe. Im Notfall überraschen sie aber mit instinktiv richtigen, raschen Handlungen. Wirbelmuster offenbaren ein verletzliches Seelenleben.

Sind die Wirbelmuster oval, mildern sich die Eigenschaften ins Positive. Mandelförmige Wirbel deuten auf spirituelle Begabung. Ist der Wirbel spiralig geöffnet, so besteht die Gefahr der Vereinzelung des Handeigners nicht. Entscheidend ist auch hier, auf welchem Finger die Muster auftreten.

Tannenbogenmuster

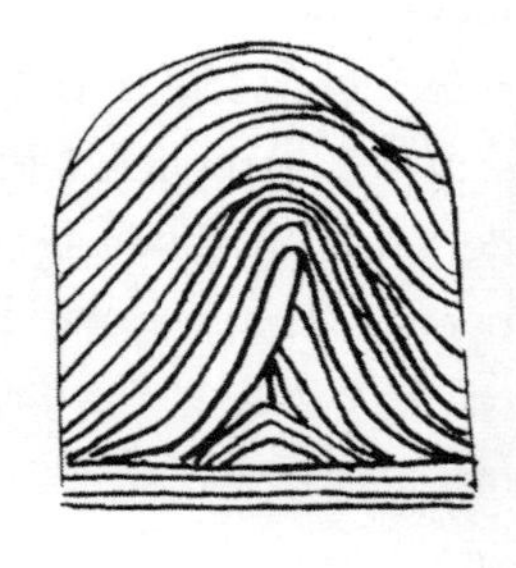

Das Tannenbogenmuster (Abb. rechts oben) ist ein hochgezogenes Bogenmuster mit Mittelachse. Tannenbogenmuster finden sich bei Menschen, die begeisterungsfähig, fortschrittlich, ideenreich und kreativ sind. Sie folgen plötzlichen Eingebungen, wobei Beständigkeit zwar ihre Sehnsucht, ihre Aufgabe aber Erneuerung und Fortschritt ist. Wenn sich Personen mit vielen Tannenbögen auf den Fingerbeeren dieser Aufgabe nicht stellen, werden sie durch Schicksalsschläge zur Veränderung gezwungen. Körperlich sind sie den Anforderungen ihres bewegten Lebens nicht immer gewachsen.

Doppelschleife

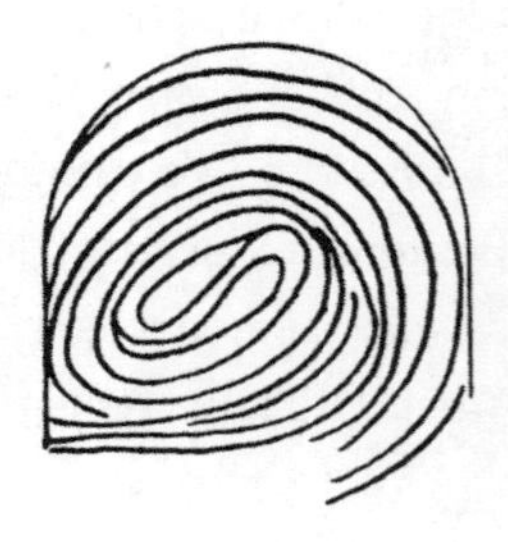

Die Doppelschleife (Abb. rechts unten) zeigt eine Persönlichkeit, die das Leben von allen Seiten zu betrachten imstande ist, und der der harmonische Gleichklang mit den Mitmenschen über alles geht. Der schwierigste Aspekt der Doppelschleife ist die Unfähigkeit, Entscheidungen zu treffen. Menschen mit vielen Doppelschleifen oder auch mit Doppelschleifen an den Daumen sind daher kaum in der Lage, eigenständig zu leben, sie richten sich mit ihren Entscheidungen stets nach anderen.

Papillarmuster des Handtellers

Dreiecke

Unterhalb der Finger laufen drei Papillarleistenströme zusammen und bilden ein Dreieck. Die Lage genau unter der Fingerwurzel verstärkt die Eigenschaften des Fingers und garantiert die Möglichkeit, diese Anlagen harmonisch auszuleben. Ein zum Nachbarfinger hin verschobenes Dreieck schwächt die eine Eigenschaft zugunsten der anderen ab. Verschiebt sich beispielsweise das Zeigefingerdreieck zum Mittelfinger hin, sind die Eigenschaften des Mittelfingers verstärkt, diejenigen des Zeigefingers abgeschwächt.

Ein weiteres, großes Dreieck befindet sich an der Handwurzel. Ist diese nach oben verschoben, liegt eine Chromosomenanomalie vor, wie Down-Syndrom oder das Turner-Syndrom. Eine Verschiebung des Handwurzeldreiecks in den Daumen- oder Handkantenberg verstärkt die Bedeutung der jeweiligen Handberge.

Schleifenmuster zwischen den Fingern

Schleife zwischen Zeigefinger und Mittelfinger

Diese sogenannte Königs- oder Maharadschazeichen ist nicht so häufig. Es weist nach traditioneller Deutung auf eine edle Abstammung. Nun haben nur wenige Familien einen Stammbaum, sicher aber ist, daß ein Mensch mit dieser Schleife über Eigenschaften verfügt, die ihn zu höchsten Führungspositionen befähigen, nämlich

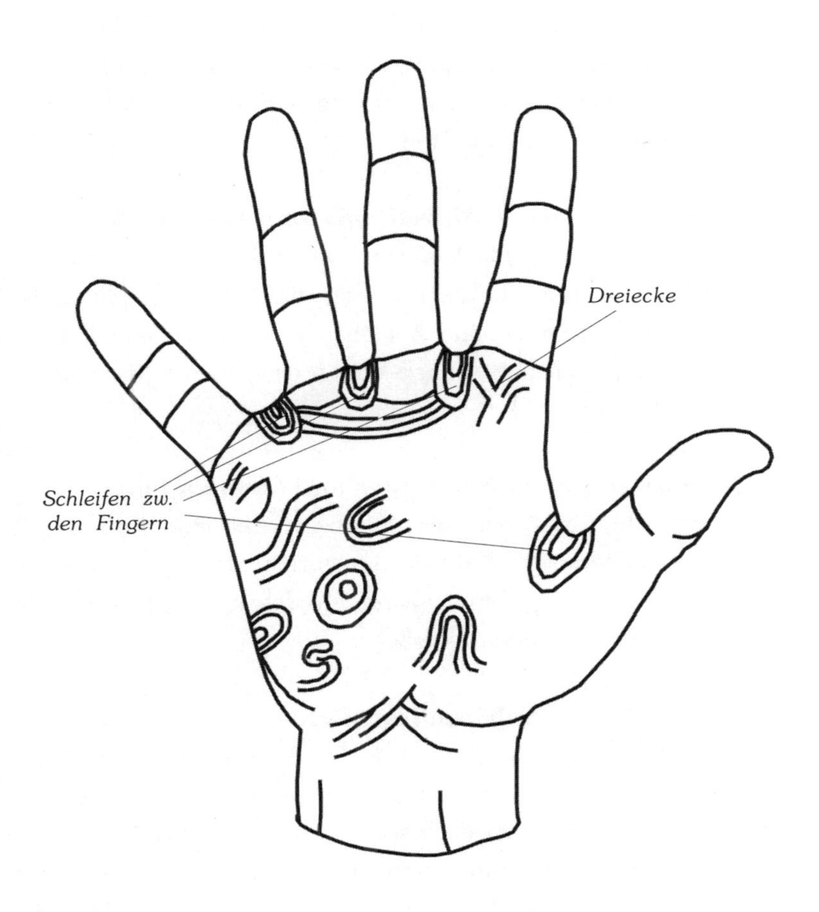
Dreiecke
Schleifen zw.
den Fingern

Selbstbewußtsein, Leistungsfähigkeit, charismatisches Auftreten, Großzügigkeit und freundliches Wesen. Ob es tatsächlich zu einem äußerlich sichtbaren Erfolg kommt, hängt natürlich von der gesamten Hand ab. Ich habe die Königsschleife übrigens, wenn sie vorhanden war, stets in beiden Händen gefunden. Meistens befindet sich diese Schleife in einer insgesamt gut strukturierten Hand.

Schleife zwischen Mittelfinger und Ringfinger

Diese Schleife kommt häufiger vor. Sie wird auch „Schlinge der Ernsthaftigkeit" genannt und charakterisiert die Fähigkeit, selbständig und verantwortungsbewußt seine Aufgaben zu erfüllen. Damit ist ein Mensch mit dieser Schleife besonders gut für eine eigenständige Arbeit geeignet.

Schleife zwischen Ringfinger und kleinem Finger

Diese Schleife findet sich oft. Sie beschreibt eine Person mit freundlichem, humorvollem Naturell, die durch positive Lebenseinstellung jeder Lage etwas abgewinnen kann. Menschen mit dieser Schleife können das Schöne im Leben genießen.

Schicksalsschleife

Die Schicksalsschleife verläuft um die Fingerwurzel von Mittelfinger und Ringfinger. Dabei werden beide Finger umschlossen. Auch die Schicksalsschleife gehört zu den ursprünglich seltenen Handmustern, die heutzutage öfter vorkommen. Ein Mensch mit dieser Schleife hat es schwer, sein Glück zu finden. Er verstrickt sich immer wieder in Beziehungen, in denen er ausgenutzt wird oder gerät in seelische Abhängigkeit, die ihm schadet. Da diese Struktur zu den karmisch bedingten, unveränderlichen gehört, ist es besonders wichtig, daß eine Person mit Schicksalsschleife sich im zwischenmenschlichen Bereich bewußt für das Geben entscheidet. Schließt die Schicksalsschleife eine Schleife zwischen Ring- und Mittelfinger ein, so stellt sich beruflicher Erfolg ein, der einen Ausgleich zum Privaten schaffen kann.

Daumenschleife

Sie findet sich am Daumeneinschnitt des Handtellers und ist ebenfalls ein eher seltenes Zeichen. Die Daumenschleife ist ein Zeichen von Kampfesmut und Zivilcourage.

Papillarmuster des Handkantenbergs

In diesem Teil des Handtellers finden sich oft Muster, denn er stellt das – meist unbewußte – Seelenleben, also Träume, Ahnungen, spirituelle Fähigkeiten (siehe Kapitel „Handberge", S. 80) dar. Es handelt sich vor allem um Schleifen und Wirbel, die eine ähnliche Bedeutung haben wie auf den Fingerbeeren.

Finden sich auf anderen Bereichen der Hand Papillarmuster, als auf den nachfolgend beschriebenen, so werden sie im Zusammenhang mit dem Bereich des Handtellers gedeutet, auf dem die Muster erscheinen (siehe auch das Kapitel „Individuelle Linien oder Zeichen", S. 129). Papillarmuster an anderer Stelle, als den hier vorgestellten, sind außergewöhnlich selten.

Wirbel auf dem Handkantenberg

Das häufigste Muster auf dem Handkantenberg ist ein ovaler bis mandelförmiger Wirbel. Menschen mit Wirbelformen verfügen über eine reichhaltige innere Bilderwelt, die sie durch geistige Übungen wie etwa Visualisierung hervorragend zur Bewältigung des Alltags einsetzen können. Auch in künstlerischen Berufen, wie z.B. dem Bereich der Malerei oder der Schauspielkunst, würde eine solche Anlage fruchtbar zur Geltung kommen. Unter ungünstigen Bedingungen besteht aber die Gefahr der Tagträumerei bis hin zu Wahnvorstellungen. Je geschlossener der Wirbel, um so mehr besteht die Neigung, sich in einer von der Umgebung abgeschlossenen Seelenwelt zu verlieren.

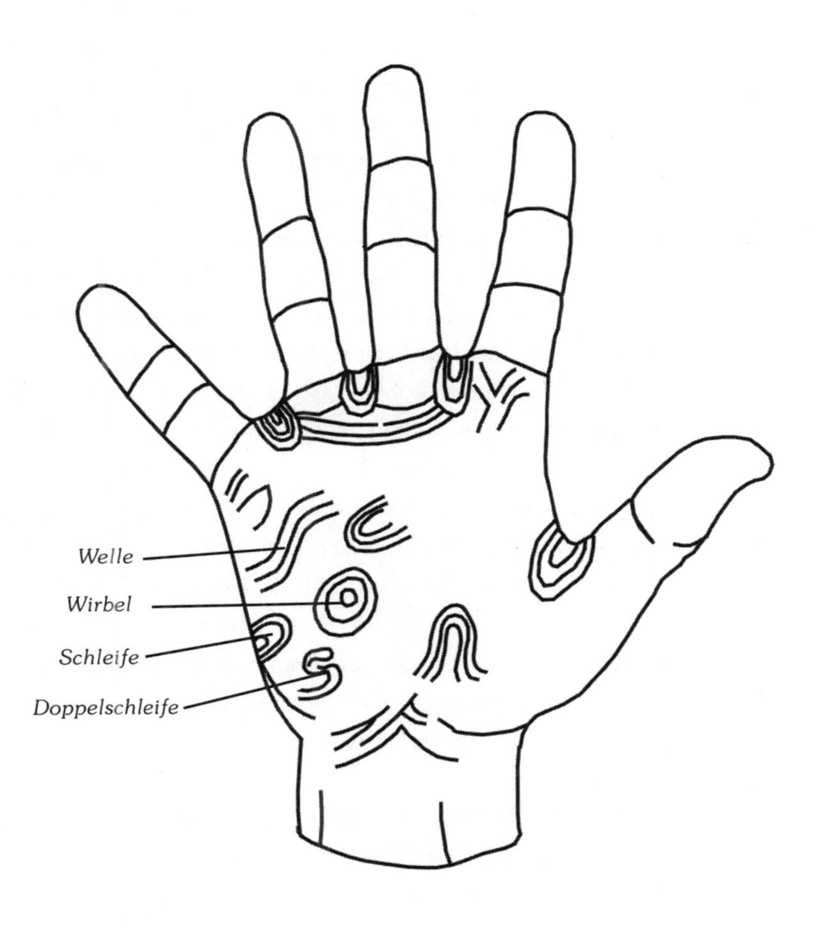
Welle
Wirbel
Schleife
Doppelschleife

Schleifen auf dem Handkantenberg

Menschen mit Schleifen auf dem Handkantenberg zeigen alle ein ausgeprägtes Erinnerungsvermögen und spirituelle Begabung, die schon in früher Jugend auftritt, da es sich bei den Papillarmustern um unveränderliche Handzeichen handelt. Liegt die Schleifenrundung in Richtung Handkante, findet sich ein sehr verletzliches Seelenleben, das über Kränkungen oder Niederlagen schwer hinwegkommt. In einer insgesamt gut gebauten Hand entwickelt ein Mensch mit dieser Schleife ein vielschichtiges Seelenleben, das sich in dichterischen Fähigkeiten äußern kann. Auch Geistheiler/innen, Hellseher/innen oder Medien und telepathische Fähigkeiten finden sich bei dieser Schleife.

Wölbt sich die Schleife nach außen, zeigt sich eine „Antenne“ für die Natur und die Umwelt allgemein. Menschen mit dieser Schleife können pendeln oder verborgene Quellen erspüren, Blumen und Pflanzen gedeihen in ihrer Nähe. Selbst bei eingeschränkter Intelligenz – und gerade in diesem Fall findet sich dieses Muster häufig – sorgt die dieser Schleife zugeordnete Seelenqualität für den richtigen Überlebensinstinkt.

Steigt die Schleife aus der Handwurzel auf mit der Rundung zum Handteller hin, erleben die Handeigner lebhafte Wahrträume, in denen zukünftige Ereignisse angekündigt werden.

Wellenförmiges Muster auf dem Handkantenberg

Verläuft eine Papillarwelle über den Handkantenberg, so fühlt sich der Mensch mit seinem angeborenen Geschlecht nicht wohl. Insofern findet sich diese Welle bei Menschen mit homosexuellen Vorlieben, oder solchen, die sich einer Geschlechtsumwandlung unterziehen bzw.

sich eine wünschen. Aber dieses Muster ist selten. Die erwähnten Neigungen sind nach der Handanalyse in den seltensten Fällen eine unabänderliche Erbanlage, meist scheinen sie eher sozial oder kulturell bedingt.

Doppelschleife auf dem Handkantenberg

Für einen Menschen mit der Doppelschleife auf diesem Berg heben sich die Grenzen zwischen Ich und Du auf – sie können sich im Idealfall in ihr Gegenüber völlig einfühlen und eignen sich für Berufe wie Sozialarbeiter, Psychotherapeuten oder auch Seelsorger. Handelt es sich bei dem Handeigner aber um eine instabile Persönlichkeit, so hat er Mühe, seine Identität zu bewahren. Immer muß die gesamte Hand studiert werden, um eine klare Aussage zu erhalten. Dies gilt besonders bei so heiklen Fragen wie die detaillierte Deutung der Papillarmuster!

Die einzelnen Finger

Der Daumen

Der Daumen (Abb. S. 39, 40) findet in der Handlesekunst seit jeher besondere Beachtung. Ja, es gab Autoren in der Chiromantie, die überhaupt nur den Daumen analysierten, weil sie die Meinung vertraten, der Daumen verrate bereits alles über eine Persönlichkeit. Und die Stärke einer Persönlichkeit läßt sich daher auch am Daumen ablesen.

Auch anatomisch gesehen kommt dem Daumen eine besondere Bedeutung zu. Nur an den Daumenwurzeln finden sich die Sattelgelenke, eine besondere Gelenkform, welche die Greifbewegung der menschlichen Hand ermöglicht. Dadurch kann der Daumen den übrigen Fingern gegenübergestellt werden, und so entsteht die vielseitige Verwendbarkeit der menschlichen Hand. Es ist also keineswegs übertrieben, im Daumen eine jener Gegebenheiten unseres Körpers zu sehen, die das Menschsein im selbstbestimmten Sinn erst ermöglicht.

Der Daumen gibt uns Aufschluß darüber, auf welche Weise sich ein Mensch im Leben durchsetzen kann. Dabei gilt, je unauffälliger der Daumen, um so mittelmäßiger ist auch die Persönlichkeit. Das sollte allerdings niemals abwertend verstanden werden, denn es ist die „Mitte", die eine menschliche Gemeinschaft zusammenhält. Zu den unveränderlichen Merkmalen des Daumens gehören seine Länge, die Breite, die Unterteilung der Glieder und die Form der Fingerkuppe. Auch der Ansatz des Daumens gehört in diese Betrachtung, nicht aber der

Abspreizwinkel und die Dicke, die sich im Laufe des Lebens verändern können und deshalb im Kapitel „Gestalt der Finger“ bei den veränderlichen Zeichen der Hand besprochen werden.

Im Idealfall sind die beiden Glieder des Daumens gleich lang, das Nagelglied reicht bis an das erste Fingerglied des Zeigefingers heran. Der Daumenansatz ist mittelhoch, dann wirkt er auch im Verhältnis zur Hand am harmonischsten. Wir erinnern uns: Das Nagelglied zeigt die Willenskraft, das untere Glied die Verstandes- und Urteilsfähigkeit. Im Verhältnis zur Hand sollte der Daumen deutlich ausgeprägt, aber nicht zu groß oder zu klein sein. Ist der Daumen groß, handelt es sich um eine starke, ist er im Verhältnis zur Hand klein, um eine schwache Persönlichkeit.

Ist das untere Glied des Daumens länger als das obere, so überwiegt die Verstandeskraft. Dies äußert sich so, daß der betreffende Mensch viel über sein Pläne nachdenkt oder spricht, sie aber nicht ausführt. Ist das obere Glied länger als das untere, so handelt der Betreffende, ohne viel zu überlegen. Manchmal ist das Ergebnis nicht zufriedenstellend, aber in der Regel ist ein Mensch mit dieser Daumenunterteilung doch erfolgreich durch sein rasches Tun.

Je breiter der Daumen, um so rücksichtsloser setzt sich der Mensch durch. Bei einem schmalen Daumen fehlt es an Durchsetzungskraft. Ein zu hoher Ansatz des Daumens offenbart eine eher gehemmte, unbewegliche, langsame Wesensart. Je tiefer der Daumenansatz ist, um so aufgeschlossener und anpassungsfähiger ist der Mensch. Ausgeprägte Verschiebungen des Daumenansatzes sind ungünstig zu bewerten. Bedenken Sie: Den Ansatz eines Fingers können Sie nur von der Innenhand aus richtig beurteilen!

Auch die Drehung des Daumens verrät etwas über die Freiheit des Antriebs. Legt man die Hand locker auf den Tisch, sollte möglichst viel von dem Daumennagel zu sehen sein. Dann handelt es sich um einen offenen, begeisterungsfähigen Menschen. Sieht man den Daumennagel wenig oder gar überhaupt nicht, so ist der Mensch verschlossen und gehemmt.

Das Nagelglied zeigt mit seiner Form, auf welche Weise der Mensch sich durchsetzt: methodisch (eckig), dynamisch (spatelig), feinfühlig (gewölbt) oder idealistisch (spitz) (siehe Abb. Fingerformen S. 35/36). Eine Sonderform ist der sogenannte Keulendaumen. Dieser Nagel erscheint dick, das obere Glied sehr kurz und wie geschwollen, der Fingernagel ist breit und bedeckt die gesamte Fingerkuppe. Bei der Betrachtung müssen Sie aber unbedingt darauf achten, daß nicht alle Finger nach oben verdickt wirken, in einem solchen Fall würde es sich nämlich um Trommelschlegelfinger handeln, die auf ein Herz- oder Lungenleiden hinweisen. Menschen mit Keulendaumen neigen dazu, ihre oft heftigen Emotionen zu unterdrücken, bis sich die Gefühle in heftigen, unkontrollierbaren Ausbrüchen entladen. Dabei kann (aber muß nicht!) ein erhebliches Aggressionspotential entstehen, deshalb wird diese Daumenform in älteren Büchern der Chiromantie auch mit dem unschönen Namen „Mörderdaumen“ versehen.

Gerade hier kommt es für eine richtige Beurteilung auf die Betrachtung der gesamten Hand an. Menschen mit einem Keulendaumen kann es viel helfen, eine asiatische Kampfsportart zu erlernen, weil es dort darum geht, Aggressionen zu beherrschen und gezielt einzusetzen, ohne sie zu unterdrücken. Jedenfalls hat es keinen Sinn, eine Person mit Keulendaumen während eines Gefühlsausbruches mit Verstandesgründen beruhigen zu wollen.

Unter den Papillarmustern der Daumenkuppe sind Schleifen und Bögen häufig (Abb. S. 42–44). Schleifen weisen auf einen Menschen hin, dem es gelingt, sich im Einklang mit seiner Umgebung durchzusetzen. Sie erreichen die Selbstverwirklichung ohne Rücksichtslosigkeit oder die Notwendigkeit, andere zu verletzen.

Ein Bogen auf der Daumenkuppe kennzeichnet eine nüchterne Art, sich den Freiraum zu verschaffen. Heutzutage gilt diese Art als sachlich und wird sehr geschätzt. Scheinbar ohne Gefühle verfolgt der Betreffende seine Ziele. Seine Mitmenschen können daran nichts aussetzen, denn er liefert kaum Gründe dafür. Allerdings bedeutet dies keineswegs, daß dabei nicht die Gefühle der anderen verletzt werden!

Der Wirbel kennzeichnet eine originelle Art im Umgang mit der Durchsetzungskraft. Ein Mensch mit einem Wirbel auf der Daumenkuppe geht so unerwartete Wege, daß ihn niemand an seiner Selbstverwirklichung hindern kann. Allerdings wird es sich ohnehin um einen sehr eigenständigen Menschen handeln, in dessen Umgebung sich nicht sehr viele Mitbewerber befinden!

Die Doppelschleife auf der Daumenkuppe ist ein problematisches Zeichen, vor allem, wenn sie am linken und am rechten Daumen zu finden ist. Ein solcher Mensch kann sich nie für eine Handlung entscheiden, weil er endlos das Für und Wider abwägt. Wird er schließlich durch die Umstände in eine Richtung gezwungen, wird er noch lange darüber grübeln, ob der eingeschlagene Weg der richtige war. Etwas einfacher wird die Lage für den Betreffenden, wenn sich die Doppelschleife nur an einem Daumen befindet.

Noch schwieriger ist es mit einem Tannenbogen auf der Daumenkuppe, zum Glück findet sich dieses aber sehr selten. Ein solcher Mensch bahnt sich seinen Weg durch immer neue, überraschende Handlungen und häufige unvorhergesehene Wechsel, so daß er für seine Mitmenschen schwer einzuschätzen ist. Häufig gilt er dadurch als unzuverlässig, was aber keinesfalls richtig ist. Da der Tannenbogen nicht die Eigenständigkeit des Wirbels mit sich bringt, leidet der Mensch unter Vereinsamung und Unverständnis seiner Umgebung.

Der Zeigefinger

Es gibt eine Vielzahl symbolischer Gesten, die Daumen und Zeigefinger gemeinsam ausführen, wie das Aneinanderreiben, um Geld zu beschreiben, oder beide Finger zum Kußmund geführt, um zu zeigen, wie gut uns etwas gefallen hat. Greifbewegungen und eigentlich fast alle feinmotorischen Aktivitäten der Hand sind eng an das Zusammenspiel von Daumen und Zeigefinger geknüpft. Daumen und Zeigefinger gehören zusammen, um das Verhalten einer Person zu verstehen, und diese beiden Finger lassen sich auch von der Außenhand aus gut betrachten. Der Daumen verrät etwas über das Durchsetzungsvermögen, der Zeigefinger über das Selbstwertgefühl einer Person. Der mahnend erhobene Zeigefinger ist ein gutes Beispiel, denn eine solche Geste wird nur im Glauben ausgeführt, daß man etwas besser versteht – und auch die Macht hat, sein Wissen umzusetzen – als der Mensch, dem man droht.

Der Zeigefinger reicht normalerweise (Abb. oben) bis zur Mitte des Nagelglieds des Mittelfingers. Dann ist das Selbstbewußtsein gesund entwickelt. Der Mensch kennt seine Fähigkeiten und ist in angemessener Weise zufrieden mit sich, und kann das gleiche seinen Mitmenschen zubilligen.

Ist der Zeigefinger länger (Abb. Mitte), ist reichlich Selbstvertrauen da, und das Streben, über andere zu herrschen. Ob dies in verantwortungsvoller Weise geschieht, oder in Herrschsucht und Überheblichkeit umschlägt, hängt von den übrigen Eigenschaften ab, zuweilen kommt allerdings beides in Verbindung vor. Menschen mit langen Zeigefingern finden sich jedenfalls in Führungspositionen oder auf dem Weg dorthin. Je länger der Finger, um so ausgeprägter ist die Veranlagung.

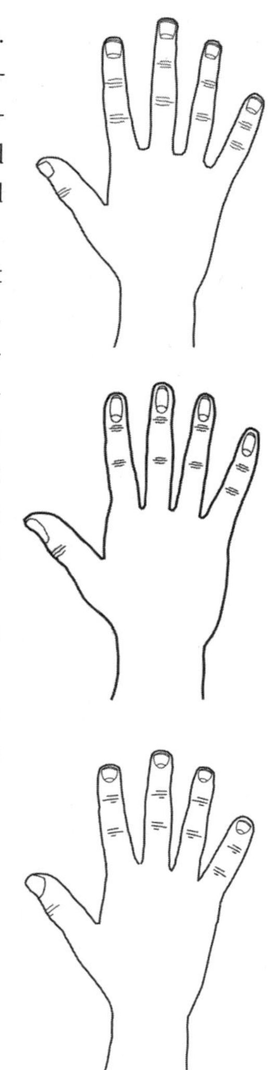

Ein kurzer Zeigefinger (Abb. unten) macht dem Handeigner zu schaffen. Ein Mensch mit langem Zeigefinger kann anderen Probleme verursachen, ein kurzer Zeigefinger kennzeichnet dagegen eine Person, die unter Schüchternheit, mangelndem Selbstwertgefühl und fehlendem Selbstvertrauen leidet. Je begabter ein Mensch, um so tragischer ist dies, allerdings ist die beschriebene Eigenschaft auch für einen weniger intelligenten eine zusätzliche Last. Die Lebenslage steht im Verhältnis zur Kürze des Zeigefingers; je kürzer, desto ausgeprägter ist dies. Über Erfolg im Leben sagt ein kurzer Zeigefinger allerdings noch nichts aus, denn gerade das mangelnde Selbstbewußtsein treibt einen Menschen im Beruf zuweilen unentwegt vorwärts. Ein gutes Beispiel für ein solches rastloses Streben ist Napoleon, dessen Zeigefinger ebenfalls zu kurz war.

In die Deutung des Zeigefingers muß auch noch das Verhältnis der drei Fingerglieder zueinander und das Papillarmuster einbezogen werden, wie in den vorangegangenen Kapiteln beschrieben. Dies ist nur von der Innenhand aus zu sehen.

Der Mittelfinger

Er ist nie zu übersehen: Der Mittelfinger in der Mitte der Finger und auch auf der Mittellinie der Handfläche. Er sollte den Zeigefinger mindestens um die Hälfte des obersten Fingergliedes überragen.

Die Bedeutung des Mittelfingers läßt sich am besten mit dem Wort Verantwortung umschreiben. Er ist das Kennzeichen des reifen, erwachsenen Menschen, der mit Ernst und Verantwortungsbewußtsein die ihm gestellten Lebensaufgaben zu meistern sucht. Je nachdem, welches Fingerglied am längsten ist, läßt sich von der Innenhand aus sehen, ob es sich vorwiegend um eine Person mit verantwortungsbewußtem Denken, Fühlen oder Wollen handelt.

Meistens zeigt sich die Wirkung eines gut ausgebildeten Mittelfingers am beruflichen Werdegang – auch die Hausfrauentätigkeit mit Kindererziehung ist natürlich ein Beruf. Bei einem sehr langen Mittelfinger (Abb. oben), wird das ganze Leben von Ernst und Verantwortung geprägt. Ist er dagegen kurz (Abb. unten), so wird der Mensch nie richtig erwachsen, er nimmt das Leben nicht ernst genug.

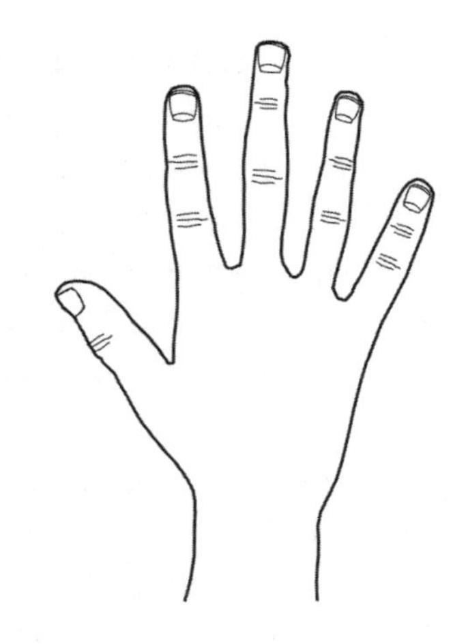

Die Papillarmuster der Fingerkuppe werden nach ihrer jeweiligen Deutung in die Beurteilung des Mittelfingers einbezogen. Eine Schleife kennzeichnet einen Menschen, der am Arbeitsplatz gut mit Menschen auskommt, ein Bogen weist auf handwerkliche oder technische Fähigkeiten, der Wirbel befähigt zu selbständiger Arbeit oder Aufgaben, die eigenständig zu lösen sind. Der Tannenbogen ermöglicht eine Tätigkeit mit viel Wechsel, Neuerungen oder sogar Erfindungen. Findet sich auf dem Mittelfinger eine Doppelschleife, so wäre eine Lebensaufgabe mit viel Regelmäßigkeit und Wiederholung das beste.

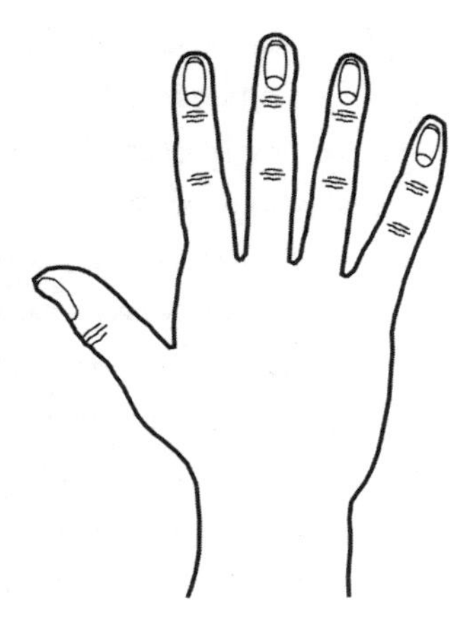

Der Mittelfinger allein sagt noch nicht genug über berufliche Fähigkeiten aus, aber bei gut ausgebildetem Mittelfinger handelt es sich mit Sicherheit um einen Menschen, der bereit ist, zu arbeiten und vom Leben zu lernen.

Der Ringfinger

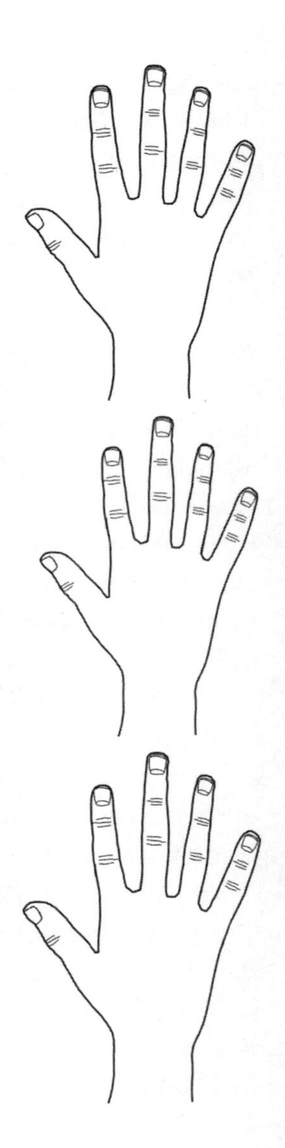

Schon die Tatsache, daß dieser Finger mit Schmuckstücken in Verbindung gebracht wird, verrät etwas über die ihm zugeordneten Eigenschaften. Der Ringfinger spiegelt die Liebe zum Schönen, zur Kunst im weitesten Sinn, die Kreativität und den Idealismus wider. Ein gut ausgebildeter Ringfinger sollte die Mitte des obersten Mittelfingergliedes erreichen (Abb. oben). Bei vielen Menschen ist der Ringfinger länger als der Zeigefinger (Abb. unten), was ein erfreuliches Bild der Prioritäten in diesen Menschen zeigt: die Liebe zum Schönen und zum Idealen steht über der Selbstverwirklichung. Bereits Funde aus unserer Frühgeschichte sprechen von der Neigung des Menschen, die alltäglichen Dinge schön und nicht nur zweckmäßig zu gestalten. Um den Ausdruck der künstlerischen Begabung zu suchen, von welcher der Ringfinger etwas verrät, muß daher auch nicht unbedingt nach musikalischen oder zeichnerischen Talenten geforscht werden. Ein gefällig angerichtetes Essen gehört ebenso zur Kunst wie die Produkte einer Hobbywerkstatt!

Ist der Ringfinger lang (Abb. vorige Seite unten), wird vermutlich auch eine besondere Begabung auf künstlerischem Gebiet vorhanden sein. Daß diese häufig nicht ausgeübt, ja vielleicht sogar abgestritten wird, ist ein Produkt der heutigen Erziehung, die meistens die vorhandenen Talente nicht ausreichend ausbildet. Ein kurzer Ringfinger (Abb. vorige Seite Mitte) ist außerordentlich selten. Er würde einen Mangel an Schönheitssinn und eine Ausrichtung aufs Materielle andeuten.

Ein häufiges Papillarmuster auf der Fingerkuppe des Ringfingers ist ein ovaler, mandelförmiger oder spiraliger Wirbel. Er betont das eigenständige der künstlerischen Äußerungen. Auch die anderen Muster werden im Zusammenhang mit der künstlerischen Betätigung des Handeigners gedeutet.

Der kleine Finger

Der kleine Finger sagt etwas über die zwischenmenschlichen Beziehungen und die Kommunikationsfähigkeit eines Menschen aus. Wer kennt nicht das Sprichwort: Wenn ich ihm den kleinen Finger gebe, nimmt er die ganze Hand! Das zeigt, wie ausdrucksfähig der kleine Finger die Beziehungsgefüge widerspiegelt. Allerdings gehören die meisten wesentlichen Ausformungen des kleinen Fingers in den Bereich der veränderlichen Zeichen.

Wir betrachten jetzt zunächst die Länge des Fingers. Gerade die ist allerdings auf den ersten Blick nicht so gut zu erkennen. Der normale, gut ausgebildete Kleinfinger (Abb. nächste Seite oben) erreicht

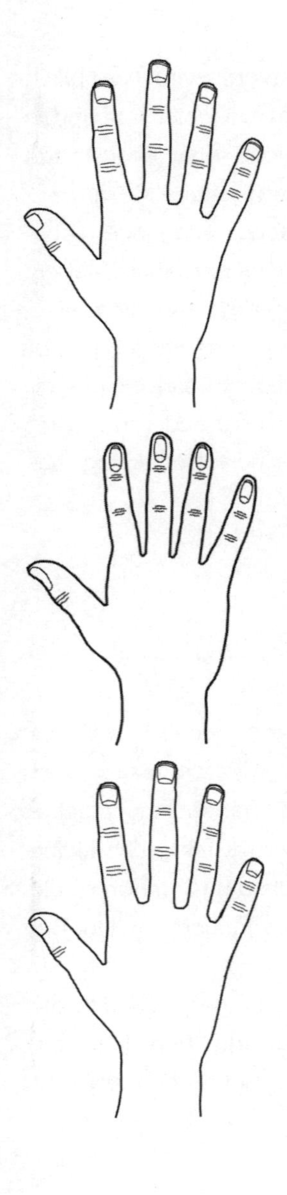

gerade die Grenze zwischen den beiden oberen Ringfingergliedern. Dann verfügt der Mensch über den gesunden Menschenverstand und die Wortgewandtheit, die er für zufriedenstellende zwischenmenschliche Beziehungen benötigt.

Ein tief angesetzter kleiner Finger (siehe Kapitel „Gestalt der Finger" S. 69) kann einen kurzen kleinen Finger vortäuschen. Deshalb halten Sie sich bitte mit einem Urteil zurück, bis Sie die Möglichkeit haben, die Innenhand zu betrachten. Ein kurzer kleiner Finger (Abb. unten) weist auf Personen, denen es schwer fällt, sich anderen Menschen mitzuteilen. Wie ein Kind erwarten sie von anderen, daß diese ihre Bedürfnisse wortlos erraten und erfüllen.

Sicher zu erkennen ist der lange kleine Finger (Abb. Mitte), der stets auf eine ausgeprägte sprachliche Kommunikationsfähigkeit, und, damit verbunden, auch häufig auf kaufmännische Fähigkeiten hinweist. Ist der Kleinfinger lang und das oberste Glied verdickt, so ist das Mitteilungsbedürfnis übertrieben: solche Menschen sprechen unentwegt und suchen entsprechend immer dafür ein Publikum.

Das Papillarmuster der Kleinfingerkuppe entspricht in der Regel demjenigen Muster, das auf den übrigen Fingern am häufigsten vorkommt. Dies zeigt ebenfalls eine gesunde Charakterstruktur: Ein vorsichtiger Mensch ist meist auch in Beziehungsfragen vorsichtig, ein wagemutiger wagemutig. Zur Auswertung der Muster verbinden Sie die Bedeutung des kleinen Fingers mit derjenigen der Papillarlinien.

Vielleicht haben Sie nun den Eindruck, daß alles im menschlichen Leben bereits festgelegt ist. Tatsächlich sind gewisse Eigenschaften nie abzustreifen: Ein Mensch mit Feuerhand wird immer tätig sein wollen, eckige Fingerkuppen führen stets zu methodischem Vorgehen – und dies nur als wenige Beispiele. Die bleibenden Zeichen der Hand wahrzunehmen und anzuerkennen, ist ein wichtiger Teil der Selbsterkenntnis.

Allerdings – und davon im zweiten Teil gleich mehr – gibt es sehr viel mehr veränderliche Zeichen. Damit ist das, was der Mensch an seinem Dasein verändern kann, wesentlich mehr!

Teil II

Die veränderlichen Zeichen der Hand

Dieses faszinierende Kapitel der Handlesekunst kann nur zu größtem Respekt vor jedem Menschen führen, dem Sie aus der Hand lesen dürfen. Wie die meisten an sich arbeiten, wie sie Spannungen oder Schwachstellen ausgleichen, all das spiegelt sich in den veränderlichen Zeichen der Hand und wird auch in Ihnen Bewunderung auslösen. Manchmal entwickelt sich auch etwas ungünstig, dann hilft es, sich diese Sache „an Hand" der Linien und Zeichen bewußt zu machen.

Das Studium der veränderlichen Zeichen ist nur möglich, wenn Sie Hände in größeren Abständen immer wieder analysieren und die Ergebnisse vergleichen. Dann allerdings werden Sie, wie ich in den letzten Jahren, nicht aus dem Staunen herauskommen!

Gestalt der Finger

Fahren wir nun zunächst mit dem Studium der Finger fort: Veränderlich an den Fingern ist die Dicke, der Neigungswinkel, und, beim Daumen der Abspreizwinkel. Eine große Bedeutung hat auch noch der Ansatz des kleinen Fingers.

Beginnen wir zunächst wieder mit dem **Daumen**. Er zeigt die Willens- und Verstandeskraft des Menschen und damit ganz allgemein seine Persönlichkeitsstärke. Ist der Daumen dick (Abb. oben), dann ist die Durchsetzungskraft auf leibliche Genüsse bezogen. Der Handeigner wird sich diese denn auch immer verschaffen können, andere Ziele werden dem untergeordnet. Falls es Ihnen zu Beginn schwierig erscheint, die Breite von der Dicke zu unterscheiden: Unter Breite versteht man den Knochenbau. Der Daumen ist dann meist sichtlich breiter als die übrigen Finger. Beim dicken Daumen handelt es sich um eine eher fleischige Substanz, und fast immer sind dann die anderen Finger ebenfalls dick.

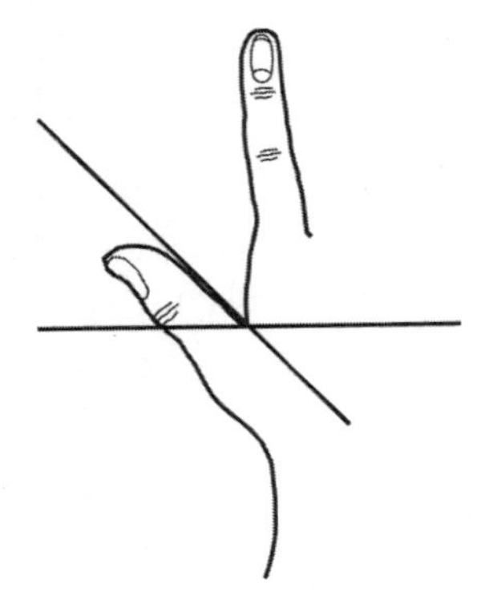

Wie weit sich der Daumen von der Hand abspreizen läßt (Abb. unten), sagt etwas aus über die Anpassungsfähigkeit oder Flexibilität. Als normal gilt eine Winkel von etwa 45°, mit einem engeren ist die Person sehr starr und neigt zur Anpassung und Abhängigkeit. Liegt der Abspreizwinkel des Daumens bei 90°, handelt es sich um eine flexible, eigenständige und selbstbewußte Person. Ist der Winkel noch größer, dann fehlt wiederum der eigene Standpunkt, es geht nur noch darum, anderen zu gefallen.

Ist die Daumenkuppe dick (Abb. Mitte, Mitte), so nimmt ein Mensch sich ohne viel Umschweife, was er will. Bei einer eher abgeflachten Daumenkuppe (Abb. Mitte, links) liegt eine Schwächung der Lebensenergie vor, oft auch die Neigung, sich viele Sorgen zu machen. Läuft der Daumen an der Kuppe spitz zu (Abb. Mitte, rechts), so wird der Mensch sein Ziel in jedem Fall zu erreichen suchen, aber auf diplomatische Art. Diese Ausprägungen erkennen Sie am besten von der Seite.

Auch eine Daumentaille (Abb. unten) weist auf diplomatische Fähig-

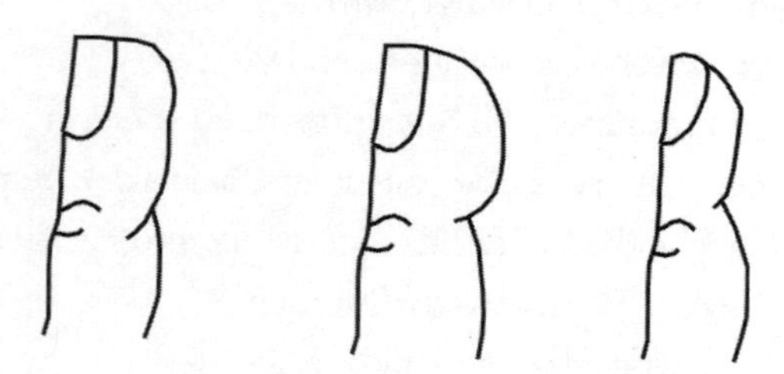

keiten, je deutlicher die Einschnürung, um so mehr Geschick kann eine Person bei der Durchführung ihrer Pläne zeigen. Die Daumentaille gilt daher auch als das klassische Zeichen für die politische Begabung. Tatsächlich entwickeln sie Politiker häufig im Lauf ihrer Karriere, dies läßt sich gut beobachten, allerdings über einen Zeitraum von mehreren Jahren.

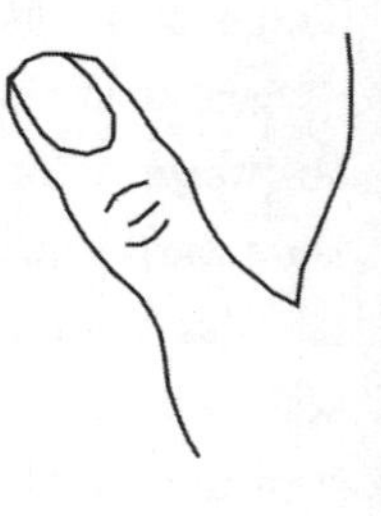

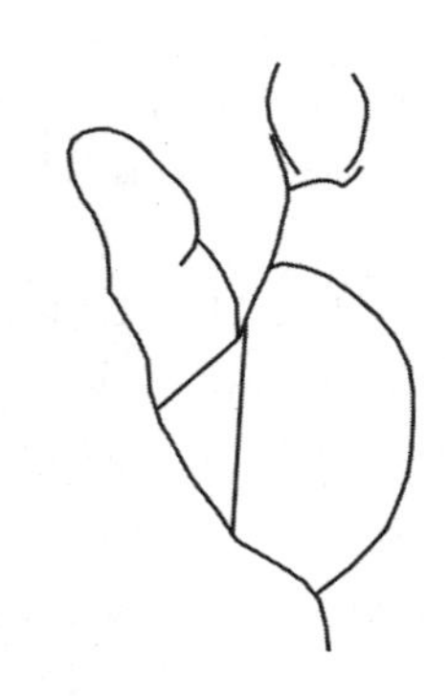

Erscheint der Daumen von der Innenhand aus dreigliedrig wie die übrigen Finger (Abb. oben), so haben wir es mit der sogenannten Gastin-Linie zu tun, benannt nach ihrem Entdecker. Diese Linie tritt recht häufig auf, und weist auf eine ausgeprägte elementare Triebkraft, die sich sowohl im sexuellen Verlangen als auch im Überlebenstrieb äußern kann.

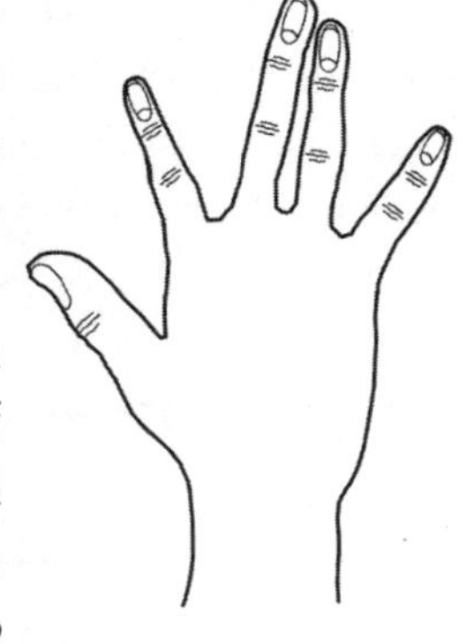

Schon die Ausbildung des Abspreizwinkels des Daumens könnte ein Gegengewicht zum kurzen **Zeigefinger** bilden, aber der häufigste Ausgleich des schwachen Selbstbewußtseins, das sich im kurzen Zeigefinger äußert, ist der abgespreizte Zeigefinger (Abb. Mitte). Ein zum Daumen abgespreizter Zeigefinger weist auf eine Person, welche eigenständig sein will und sich wenig vom Urteil anderer beeinflussen läßt. Beruflich finden sich solche Menschen dort, wo sie alleine für einen Bereich verantwortlich sind, denn sie legen keinen Wert auf Anregung durch Mitbewerber. Neigt sich der Zeigefinger zum Mittelfinger hin (Abb. unten), so hat der Mensch ein großes Verantwortungsbewußtsein entwikkelt. Er wird sich nicht in rücksichtsloser Weise selbst verwirklichen, sondern seine Durchsetzungskraft einem größeren Zusammenhang zur

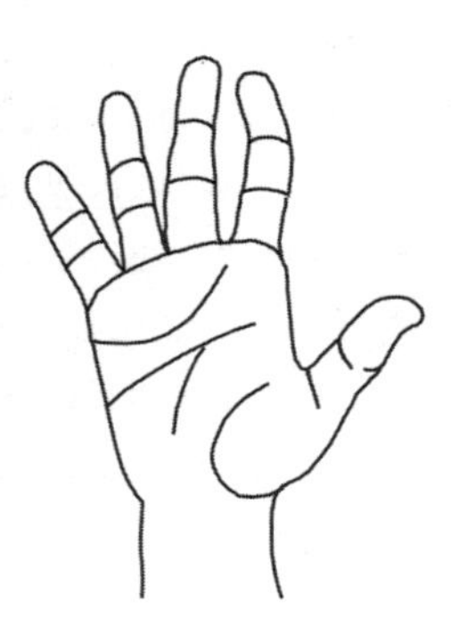

Verfügung stellen. Je stärker die Neigung, um so ausgeprägter kann die Aufgabe des Egos sein.

Von der Seite aus läßt sich die Form der **Fingerbeere** betrachten (Abb. unten). Hat sie eine Tropfenform, so besteht eine künstlerische Begabung. Daß die meisten kleinen Kinder diese Tropfenform haben, ist ein Hinweis, wie verbreitet künstlerische Begabung eigentlich ist. Ob sie ausgebildet und entwickelt wird, ist eine freie Entscheidung des einzelnen. Bei Musikern, die fortgesetzt den künstlerischen Ausdruck üben, werden die Tropfen im Lauf des Lebens immer deutlicher. Dies gilt natürlich für jede Kunstform, die ausgebildet wird. Allerdings, an Zeigefingern ist der Sensibilitätsballen der Fingerbeere meist nicht ausgebildet. Durchsetzung ist eben eine eher nüchterne Angelegenheit, auch für Berufskünstler!

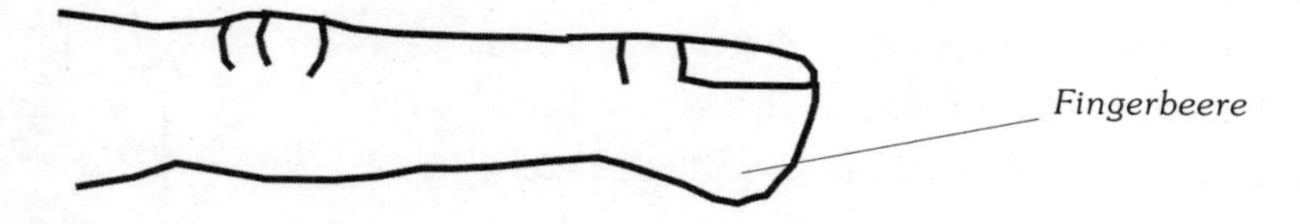

Für eine detaillierte Betrachtung der Fingergestalt muß die Tatsache einbezogen werden, daß rheumatoide Arthritis den Zeige- und Mittelfinger bevorzugt befällt und eine Verformung hervorrufen kann. Selbstverständlich hat dies auch eine Auswirkung auf die Eigenschaften, welche diese Finger darstellen, das haben Schmerzen und Leiden immer. Aber die Fingergestalt ist dann eben hauptsächlich von Krankheit geprägt und sagt weniger über die anderen Eigenschaften aus.

Die zentrale Stelle des **Mittelfingers** und seine wichtige Bedeutung (siehe Kapitel „Die einzelnen Finger/Der Mittelfinger“, S. 60) bewirken, daß die Neigungen dieses Fingers auch tiefgreifende Entwicklungen aufzeigen.

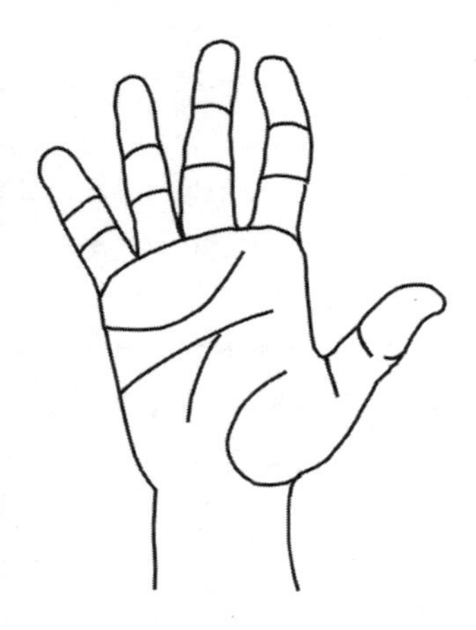

Biegt sich der Mittelfinger zum Zeigefinger (Abb. oben), so kommt eine Schwere in all das hinein, was mit der Durchsetzungskraft in einem sozialen Zusammenhang zu tun hat. Der Mensch erlebt eine Phase, in dem er Mühe hat, seinen Platz in der Gemeinschaft zu finden, und oft fühlt er sich von zu viel Verantwortung für andere erdrückt.

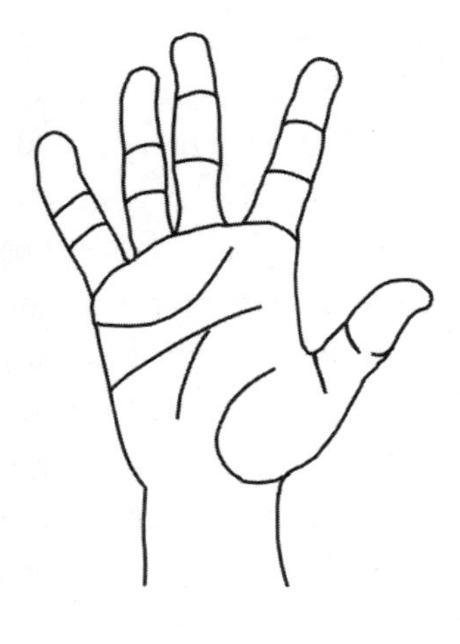

Neigt sich der Mittelfinger zum Ringfinger (Abb.unten), fällt es dem Menschen schwer, die schönen Seiten des Lebens zu genießen. Verantwortung für andere nimmt dann einen zu großen Raum im Leben ein. Je stärker die Krümmung, um so unausweichlicher und schicksalhafter erscheint dem Betreffenden die Situation. Sie ist aber selbst gewählt und kann jederzeit verändert werden! Gerade diese Erkenntnis fällt bei den Biegungen des Mittelfingers allerdings sehr schwer.

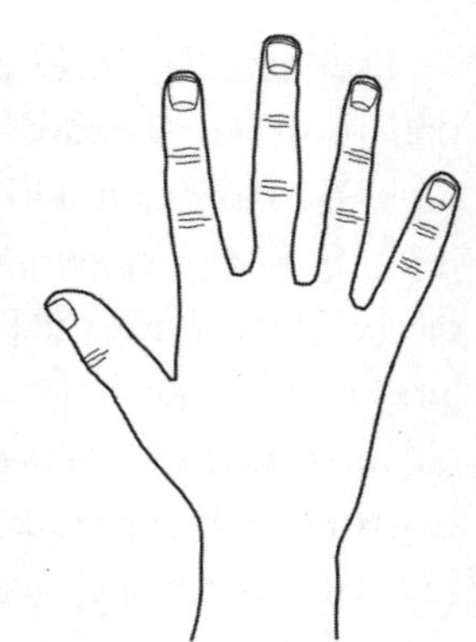

Eine starke Selbstdisziplin hat ein Mensch entwickelt, dessen Mittelfingeransatz eine Einschnürung (Abb. oben) aufweist. Zuweilen bildet sich eine solche Einschnürung dann auch an anderen Fingern, als Hinweis auf eine Person, die Disziplin fast bis zur Askese betreibt.

Von allen Fingern wird der **Ringfinger** am seltensten von degenerativen Krankheiten der Gelenke oder Knochen befallen. Dies darf als Hinweis gelten, daß die Freude am Schönen ein unversiegbarer Kraftquell im menschlichen Leben sein sollte. Neigt sich der Ringfinger (Abb. unten) zum Mittelfinger, so verzichtet der Mensch auf diese Kraft. Er opfert der Pflicht die Freude, was immer problematische Auswirkungen hat. Wenn sich Mittel- und Ringfinger einander zuneigen, so weist diese beidseitige Verkrümmung auf eine Phase, in der ein Mensch auf seine eigene Entwicklung oder die Verwirklichung seiner Lebensaufgabe verzichtet. Sie ist beispielsweise dann zu finden, wenn ein kranker Angehöriger gepflegt wird, dies aber nicht aus freien Stücken, sondern eher gezwungenermaßen geschieht. Denn selbstverständlich ist ja auch eine Entwicklung gerade während einer solchen Herausforderung möglich. Es kommt dafür nur darauf an, ob eine willentliche Entscheidung für den Dienst am anderen vorliegt.

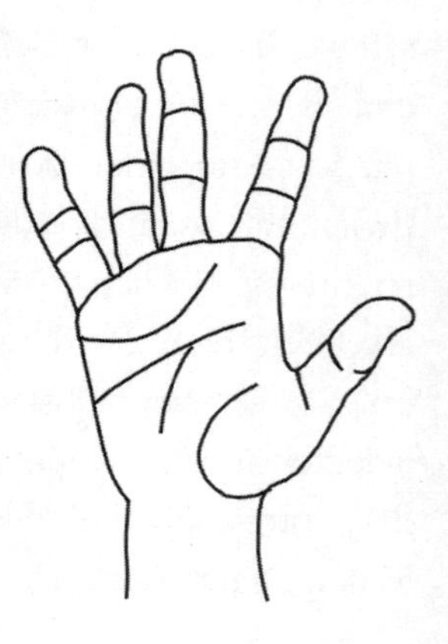

Eine Neigung des Ringfingers zum kleinen Finger verrät ein Talent, seine künstlerischen Fähigkeiten gut zu vermarkten, meist zeigt sich auch Wortgewandtheit.

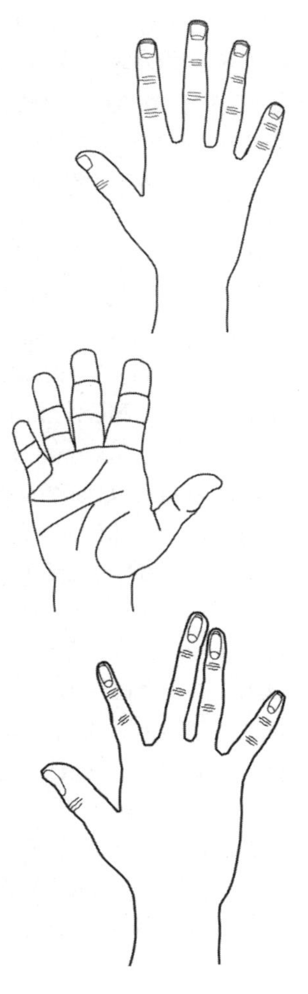

Der **kleine Finger** gibt Auskunft darüber, wie sich die Beziehungen zu anderen Menschen gestalten. Eins der wichtigsten Zeichen für Störungen, welche aus der Kindheit herrühren, ist der tief angesetzte kleine Finger (drei Abb. rechts). Von der Außenhand aus gesehen, wirkt der Finger dann kurz, deshalb muß unbedingt ein Blick auf die Innenhand geworfen werden, bevor etwas über die Länge des kleinen Fingers ausgesagt wird. Sind Sie sich unsicher, messen Sie den Finger aus, ob er bei normalem Ansatz bis zum zweiten Ringfingerglied kommen würde. Sie werden dann feststellen, daß der tief angesetzte Kleinfinger meistens eine gesunde Länge aufweist.

Bleiben wesentliche Bedürfnisse des kleinen Kindes unbefriedigt, bildet sich dieser tiefe Ansatz. Daß die ersten Kindheitsjahre lebenslange Spuren im Seelenleben eines Menschen hinterlassen, ist mittlerweile allgemein bekannt. Aber meine Beobachtung der letzten Jahre beweist, daß diese frühkindlich bedingten Seelenleiden keineswegs unabwendbar sind. Je mehr ein Mensch sich damit auseinandersetzt und an sich arbeitet, um so erkennbarer bildet sich der tiefe Ansatz zurück. Ich habe überprüft, daß sich der tiefe Ansatz des kleinen Fingers innerhalb weniger Jahre sogar vollständig ausgleichen kann. Ob die betreffende Person dies allein erreicht, durch Gespräche mit vertrauten Freunden oder mit therapeutischer Hilfe, ist dadurch natürlich nicht ausgesagt.

Spreizt sich der kleine Finger in einem deutlichen Winkel von der Außenhand ab (siehe Abb. vorige Seite unten), so kann auf Beziehungskrisen geschlossen werden. Er findet sich in Trennungszeiten, beim Tod naher Angehöriger, wenn Kinder aus dem Haus gehen. Auch dieser Winkel bildet sich zurück, wenn die Trauerarbeit geleistet ist. Eine Biegung zum Ringfinger (Abb. rechts) deutet darauf hin, daß sich der Mensch anderen nie völlig offenbart, deshalb nannte man dieses Phänomen früher den „Lügenfinger", aber es kann sich ebenfalls um eine sehr verschwiegene Person, oder um einen gerissenen Geschäftsmann handeln. Beobachten Sie diese Biegung des kleinen Fingers, sollten Sie sich in Ihrem Urteil über einen Menschen ein wenig zurückhalten, bis Sie ihn besser kennen. Eine langer kleiner Finger weist auf eine wortgewandte Person.

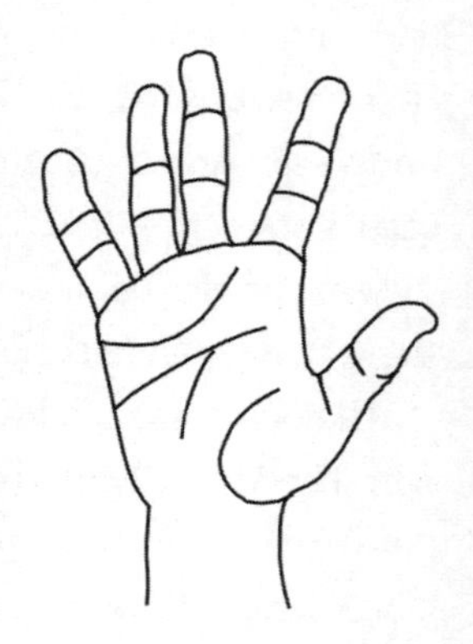

Linien auf den Fingern werden nicht einzeln gedeutet, es sei denn, es handelt sich um ein außergewöhnliches Zeichen, das dann, wie später beschrieben, gesondert betrachtet werden muß.

Längslinien betonen den Energiefluß dieses Fingerglieds, und sind positiv zu werten. Längslinien können sich auf allen drei Fingergliedern oder nur auf einem, etwa dem mittleren finden. Dann wäre eben nur die Gefühlswelt besonders stark ausgebildet.

Querlinien dagegen verraten etwas über Anspannung und Überforderung, was heutzutage gern mit „Streß" bezeichnet wird. Auch hier kommt es auf das Fingerglied an. Meist sehen Sie diese Querlinien aber an der Innenseite des Nagelglieds, als Hinweis auf Sorgen, Grübelei und intellektuelle Anspannung wie etwa übermäßiges Lernen oder Arbeit ausschließlich am Schreibtisch.

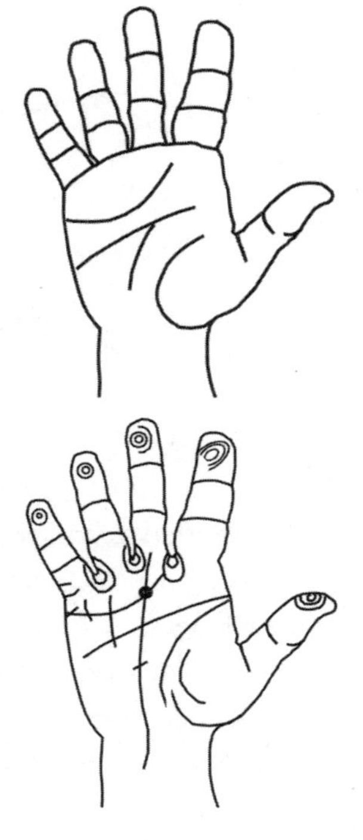

Sind die Wurzelglieder der Finger wie mit einem Polster vorgewölbt, wird der Mensch meist auch übergewichtig sein. Dieses „Wohlstandskissen" (Abb. rechts) haben Personen, die den leiblichen Genüssen wie Essen und Trinken sehr zugeneigt sind. Sind alle Fingerglieder eher dick, dann ist das gesamte Streben nur auf körperliche Bedürfnisse ausgerichtet. Häufig findet sich ein solches Polster ausschließlich am Ringfinger, dieses ist anders zu bewerten. Ein Mensch mit einem solchen Kissen am Wurzelglied kann alles Schöne im Leben genießen und sich daran erfreuen.

Sind alle Finger leicht nach oben geneigt (Abb. nächste Seite), dann strebt der Mensch nach dem Guten und bemüht sich um eine moralische Lebensführung. Man kann hier von einem selbst anerzogenen Idealismus sprechen. Biegen sich nur einzelne Finger nach oben, dann betrifft das idealistische Streben den Lebensbereich, den der Finger darstellt. Umgekehrt weisen nach unten gebeugte Finger (Abb. unten) auf eine kleinliche, selbstbezogene Einstellung hin.

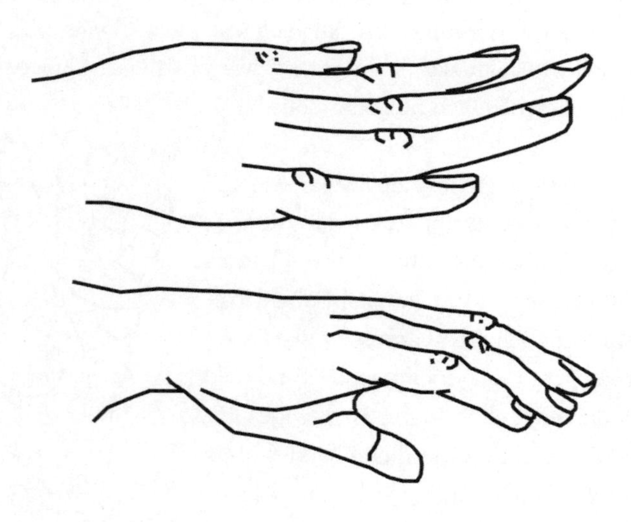

Ein Merkmal, das gleich ins Auge fällt, sind *glatte oder knotige Finger* (Abb. nächste Seite, links: knotig, rechts: glatt). Ein Mensch mit glatten Fingern lebt und denkt im Einklang mit seinen Mitmenschen: Nach den Traditionen und Gewohnheiten der Gesellschaft, der er angehört. Bei den knotigen Fingern müssen Sie zunächst ausschließen, daß es sich nicht um arthritische Veränderungen handelt. Dies ist aber ver-

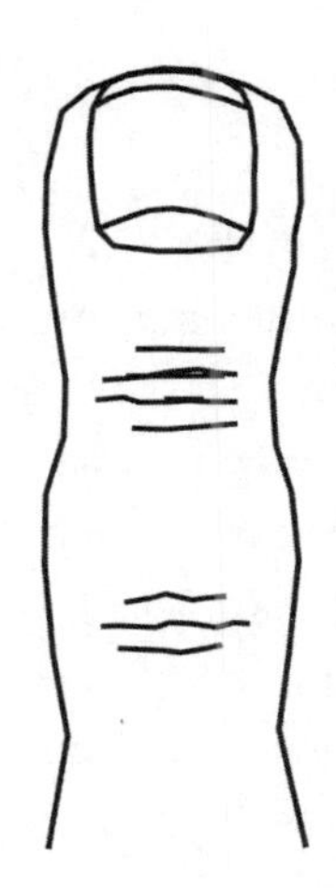

hältnismäßig leicht zu überprüfen: Die knotige Hand weist an allen Fingern gleichmäßig die Verdickungen an den Fingergelenken auf, während entzündliche Knoten nur an einigen Fingergelenken auftreten, meist an Zeige-, Mittel- oder kleinen Fingern und schmerzen bzw. gerötet sind.

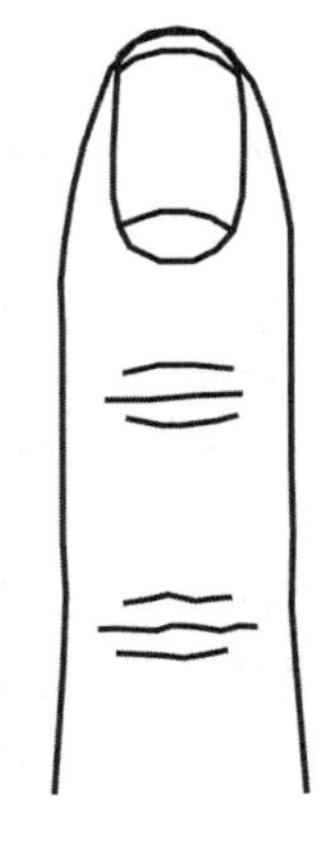

Die knotigen Finger bilden sich bei einem Menschen, der gründlich über alles nachdenkt, und nichts von vornherein gelten läßt. Sie sind ein Merkmal von Naturwissenschaftlern, Philosophen und Kritikern. Bei den Autoren der letzten beiden Jahrhunderte wurden die knotigen Hände als Gelehrtenhände bezeichnet und standen in hohem Ansehen, was dem starken Aufkommen des naturwissenschaftlichen Denkens entsprach. Aber ganz so positiv sind die knotigen Finger aus heutiger Sicht nicht zu bewerten: es liegt schließlich durch die Verdichtung der Gelenkknoten eine Hemmung und Unterbrechung des Denkflusses und damit des geistigen Strebens vor, das durch die Finger ausgedrückt wird.

Die Handberge

Die Berge des Handtellers sind Erhebungen in Bezug auf das "Tal": In der Mitte der Handfläche ist bei allen Menschen eine Vertiefung. An dieser Stelle verläuft das Hauptstück der Schicksalslinie.

Am auffälligsten ist der **Daumenballen**. An der Ausprägung dieser Wölbung läßt sich erkennen, wieviel Lebensenergie dem Menschen zur Verfügung steht. Diese Wölbung verändert sich, allerdings nur geringfügig, so daß man schon recht genau hinschauen muß, um Unterschiede zu entdecken. Vergleichsweise kleine Abflachungen weisen aber auf große Veränderungen hin, denn ohne körperliche Kraft läßt sich für einen Menschen auf der Erde nicht viel tun, jedenfalls im Normalfall.

In der Tradition der Handlesekunst wird der Daumenballen mit der sexuellen Triebkraft gleichgesetzt. Das kann zwar in dieser Ausschließlichkeit nicht mehr gelten, aber es besteht kein Zweifel, daß die sexuelle Energie eine der Grundkräfte des Menschen darstellt. Fehlt der sexuelle Trieb, liegt auch eine Störung der Lebenskraft vor. Es lassen sich daher sexuelle Probleme am Daumenballen erkennen.

Ist der Daumenballen von Querlinien bedeckt, kann die Person diese Energie auch im Leben umsetzen. Das bedeutet in der Regel ein ausgewogenes Geschlechtsleben. Allerdings kommt es darauf an, ob die meisten Linien auch die Lebenslinie erreichen. Die Lebenslinie umschließt den Daumenballen (siehe Kapitel „Die großen Linien des Handtellers", S. 87). Werden die Querlinien von Längslinien gekreuzt, so daß ein Gitter entsteht (Abb. rechte Seite), so erlebt der Mensch eine Phase, in der ihm seine Lebensumstände die Erfüllung des sexuellen Triebs unmöglich machen. Je ausgeprägter das Gitter, um so mehr leidet der Mensch unter dieser Situation. Gelingt es, die Triebkräfte durch geistige Übung zu verfeinern, dann verschwindet das Gitter und es bilden sich wieder die zur Lebenslinie verlaufenden Querlinien. Allerdings kommt dies selten vor!

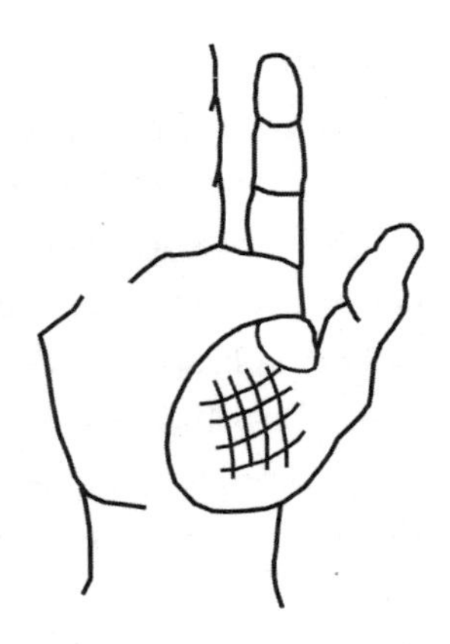

Finden Sie das Gitter auf einem Daumenballen, so leidet der Mensch meist auch unter Beziehungsproblemen oder Einsamkeit, so daß es wichtig ist, dieses Thema – wenn überhaupt – sehr feinfühlig anzusprechen. Treten besondere Zeichen und Muster auf dem Daumenballen auf, dann handelt es sich um Hinweise auf gesundheitliche Probleme.

Oberhalb des Daumenansatzes findet sich noch eine wulstartige Erhebung (Abb. oben). Dieser obere Teil des Daumenballens wird auch der **Kampfberg** genannt und verrät etwas über den Lebenserhaltungstrieb. Ich habe jedenfalls noch keinen Menschen gesehen, bei dem diese Erhebung gefehlt hätte! Es muß sich um eine der Grundvoraussetzungen handeln, ohne die ein Mensch nicht überleben kann, selbst in unserem hochzivilisierten Abendland.

Gegenüber liegt der **Handkantenberg**, und dieser weist, wie wir bei den Papillarmustern gesehen haben, sehr häufig sowohl bleibende Zeichen wie auch Linien auf. Der Handkantenberg spiegelt die Seelenkräfte wider – je tiefer er zum Handgelenk liegt, desto unbewußter, je höher, um so bewußter kann der Handeigner über die durch die Zeichen angegebenen Seelenkräfte verfügen.

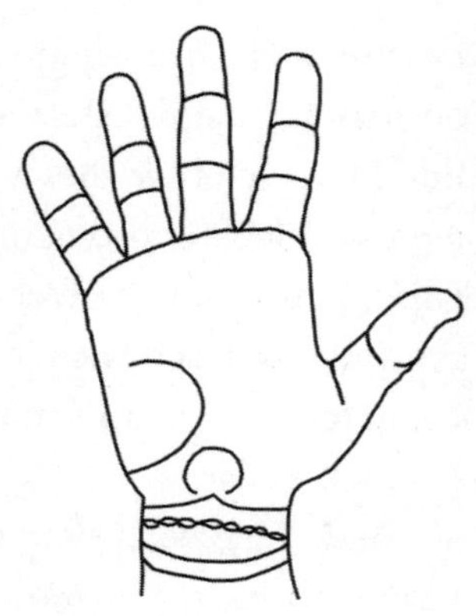

Die Verbindung zwischen dem Daumenballen und dem Handkantenberg kann sowohl eine Erhebung als auch der Ausgangspunkt des Tals der Innenhand sein (Abb. oben). Dies hat weniger Bedeutung als die Beschaffenheit des Gewebes. Im Idealfall sollte hier eine feste, elastische Gewebestruktur vorliegen. Wie der Bereich um das Handgelenk auch, so gibt uns dieser Handgelenksberg Hinweise über die ererbte Verfassung. Bei der Betrachtung der Armbänder (Abb. unten) wird darauf hingewiesen, daß ein nach oben gezogenes Armband auf gynäkologische Störungen hinweisen kann, beim Mann entsprechend auf Prostataleiden (Abb. oben & unten). Beide Gesundheitsstörungen sind außerordentlich verbreitet, zumindest im fortgeschrittenen Alter. Das erwähnte Merkmal werden Sie deshalb in sehr vielen Händen entdecken.

Dies scheint mit ein Hinweis zu sein, daß es sich auch in den meisten Fällen eher um genetisch bedingte Erkrankungen handelt und nicht um psychosomatische, wie zur Zeit noch von vielen Therapeuten vermutet. Immerhin waren Geschlechtskrankheiten in den vergangenen Jahrhunderten außerordentlich verbreitet, und es ist nur zu wahrscheinlich, daß dies auch Auswirkung auf die Erbmasse hat.

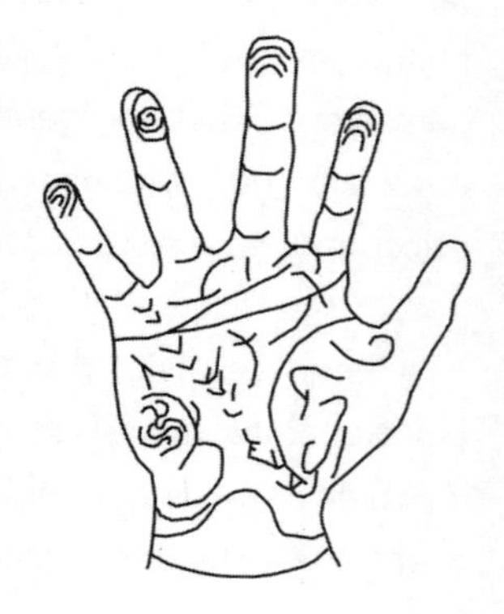

Eine schwammige Struktur dieses Bereichs weist auf Suchterkrankungen der Vorfahren hin, in unserem Kulturkreis handelt es sich dabei meistens um Alkoholabhängigkeit. Damit ist natürlich auch eine Gefährdung des Handeigners gegeben, außerdem insgesamt eine Schwächung zahlreicher Organe. Ist der Handgelenksberg flach und hart, so bestanden bei den Vorfahren degenerative Gelenkerkrankungen. Auch hier handelt es sich um ein Volksleiden, denn die Erkrankungen des rheumatischen Formenkreises sind ebenso verbreitet wie schwer zu behandeln. Finden Sie Hinweise für solche Erblasten im Bereich Ihres Handgelenks und des erwähnten Handbergs oder -tals, ist es weise, sich in seiner Lebensführung darauf einzustellen, um den Ausbruch der erwähnten Leiden zu verhindern oder doch sehr lange hinauszuzögern. Dies ist durchaus möglich!

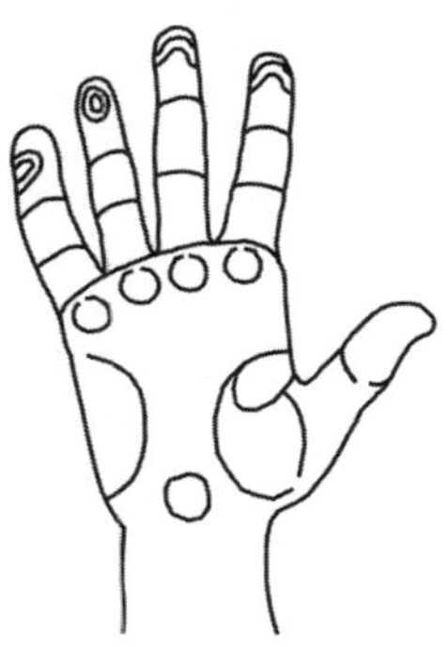

Unter jedem Finger befindet sich ein Berg. Zumindest sollte dies bei einem gesunden und kraftvollen Menschen der Fall sein. Nach Krankheiten oder in Zeiten großer Beanspruchung verschwinden die Fingerberge. Fehlen in Ihrer Hand die Fingerberge, und zeigen sich womöglich auch noch Querlinien auf den Fingergliedern, ist es höchste Zeit, etwas für die Gesundheit zu tun. Nach einigen Wochen ausreichendem Schlaf, ausgewogener Ernährung und viel Bewegung in der Natur und, im Idealfall, täglicher Meditation werden sich dann die Berge wieder bilden.

Allerdings muß auch hier im einzelnen beobachtet werden: Eine insgesamt fleischige oder dicke Hand kann gut ausgebildete Berge vortäuschen, und bei einer eher drahtigen Hand können natürlich auch die Fingerberge nicht so ausgeprägt sein. Und wenn die Fingerberge insgesamt fehlen, dann dürfen sie nicht so gedeutet werden, wie wenn sie dauerhaft abgeflacht wären. Zu Beginn werden wahrscheinlich nur die Extreme, der stark überhöhte oder der fehlende Fingerberg, leicht zu erkennen sein. Für den Anfänger ist es anzuraten, Fingerberge nur in bezug auf den gegenwärtigen Gesundheitszustand zu deuten. Wenn Sie eine Hand, zum Beispiel Ihre eigene, häufiger betrachten, wird sich allmählich der Blick für die ursprüngliche Beschaffenheit der Berge einstellen. Allerdings gehören die Fingerberge zu den veränderlichsten Zeichen überhaupt!

Allgemein ausgedrückt, unterstützen die Fingerberge die Energie des jeweiligen Fingers. Stehen diese beiden Komponenten nicht im Verhältnis, so entsteht ein Konflikt, aber zumindest eine Spannung in der betreffenden Person. Deshalb ist es so wichtig, die Fingerberge zu beobachten, und Störungen rasch auszugleichen.

Ein gut ausgebildeter **Zeigefingerberg** verweist auf die seelischen Grundlagen für ein gesundes Selbstwertgefühl, Ehrgeiz und den Wunsch, im Leben vorwärtszukommen, seine Situation zu verbessern, und in angemessener Weise Verantwortung zu übernehmen. Dem sollte ein normal langer Zeigefinger entsprechen. Ein überhöhter Zeigefingerberg ist ein Hinweis auf Machtstreben, Geltungssucht, Hochmut und rücksichtslose Genußsucht. Findet sich darüber ein überlanger Zeigefinger, dann haben wir es mit einem kleinen Tyrannen zu tun. Mit einem solchen Menschen ist es schwer, auszukommen! Bei einem abgeflachten Zeigefingerberg, womöglich mit einem kurzen Zeigefinger, besteht wenig Interesse an Arbeit, ein schwaches Selbstwertgefühl, wahrscheinlich auch geistige Trägheit. Auf dem Zeigefingerberg finden sich viele kleine Linien und Formen, welche fast alle auf berufliche Fähigkeiten und Erfolg hinweisen (siehe Kapitel „Kleine Linien des Handtellers“ S. 111).

Ein normaler **Mittelfingerberg** deutet auf Beständigkeit, Selbstdisziplin, Leistungsfähigkeit und Verantwortungsbewußtsein hin. Auch hier verstärken sich die guten Eigenschaften bei einem entsprechend gebauten Finger, ein Unterschied verweist auf Schwierigkeiten in diesem Bereich. Ist der Mittelfingerberg überhöht, so liegt eine pessimistische Lebensauffassung, Menschenscheu, Mißtrauen und eine Neigung zum Sorgen und Grübeln vor. Ein flacher Mittelfingerberg weist auf mangelndes Verantwortungsbewußtsein und Unzuverlässigkeit hin.

Ein gut ausgebildeter **Ringfingerberg** liefert die Grundlage für Kunst- und Schönheitssinn und ein harmonisches Seelenleben. Ist er zu hoch, so ist der Hang zum Kunstgenuß und zum Schönen der vorherrschende Trieb. Handelt es sich tatsächlich um einen Künstler, so wird er exzentrisch und eitel sein. Auch ein Hang, zuviel Geld für den verfeinerten Genuß auszugeben, läßt sich aus diesem Berg erkennen. Ist der Ringfingerberg zu flach, fehlt der Bezug zu den schönen und angenehmen Dingen des Lebens, und auch das Einfühlungsvermögen ist stark vermindert.

Der **Kleinfingerberg** kann unterhalb des Fingers, aber auch seitlich zur Handkante hin ausgebildet sein. Die seitliche Ausbuchtung gilt als die günstigere, sie zeigt, daß die Person ihre Mitmenschen gut einschätzen kann, geistig rege und wortgewandt ist, und ganz allgemein lebensklug handelt. Bei einer Erhebung unterhalb des Fingers zeigen sich die gleichen Eigenschaften, aber etwas vermindert. Ist der Kleinfingerberg überhöht, handelt es sich um eine äußerst geschäftstüchtige Persönlichkeit, die alles in den Dienst des Gewinns stellt. Fehlt der Kleinfingerberg, dann fehlen auch Wortgewandtheit, und das Geschick, mit den materiellen Angelegenheiten des Lebens zurechtzukommen.

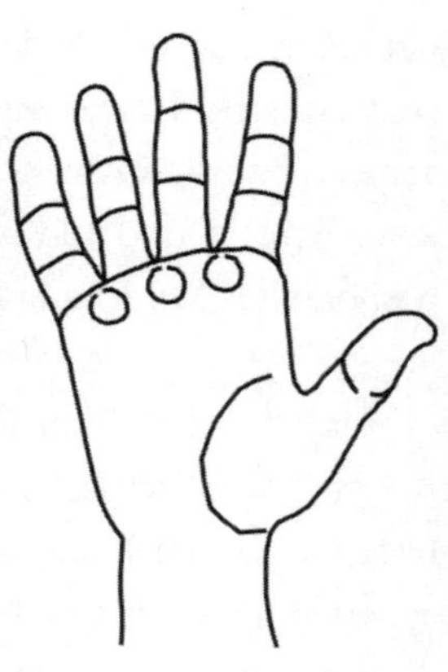

Häufig sind die Fingerberge verschoben (Abb. rechts), die Wölbungen liegen in diesem Fall in den Zwischenfingerräumen. Es sind dann insgesamt nur drei zu sehen. Diese Ausformung ist günstig. Sehr oft ist der Zeigefingerberg zum Mittelfinger verschoben, als Zeichen dafür, daß ein Mensch ein ausgeprägtes Verantwortungsbewußtsein hat. Meist besteht auch soziales Engagement, deshalb wird er der „soziale Hügel“ genannt. Ist der Mittelfingerberg zum Ringfinger hin verschoben, dann kommt zum künstlerischen Ausdruck Ausdauer und Schaffenskraft dazu, so daß der Erfolg nicht ausbleiben kann. Verschiebt sich schließlich der Ringfingerberg zum Kleinfinger, dann wird Wert auf höfliche und harmonische zwischenmenschliche Beziehungen gelegt.

Denken Sie daran: Für die endgültige Deutung ist immer der dazugehörige Finger zu beurteilen!

Die großen Linien des Handtellers

Nun also zu dem, was allgemein unter Handlesen verstanden wird – und mit Sicherheit auch eines der interessantesten Gebiete dieser Kunst ist: Das Deuten der Linien. Linien können Sie nur sehen, wenn Sie die Innenhand betrachten (Abb. nächste Seite oben, eine „ideale" Hand). Mit einiger Erfahrung allerdings lassen sich die großen Linien auch dann mit einem raschen Blick beurteilen, wenn der Gesprächspartner eine lebhafte Gestik hat, was in den mittel- und nordeuropäischen Ländern natürlich seltener vorkommt. Zuweilen legt ein Mensch auch für wenige Sekunden seine Hände offen auf, aber meist schützt er diesen Bereich, der so viel über ihn aussagen könnte.

In Film und Fernsehen können Sie sich vergleichsweise einfach im schnellen Blick üben, das kann sehr interessant sein. Wenn Sie beispielsweise das unbestimmte Gefühl spüren, der Schauspieler überzeuge nicht, werden Sie in der Hand häufig die Erklärung dafür finden – zum Beispiel könnte die Hand auf einen zur geforderten Rolle gegensätzlichen Menschentyp hinweisen. Am gründlichsten lernen Sie allerdings, wenn Sie die Linien in Ruhe, mit Zustimmung des betreffenden Menschen studieren. Und die erste Versuchsperson sind natürlich Sie selbst: Lernen Sie sich durch die Kenntnis der Handlinien neu kennen!

Zunächst die großen Linien, welche in – fast – jeder Hand zu finden sind. Die Abbildung auf der nächsten Seite zeigt, was unter einer normalen Form bzw. einer guten Ausprägung zu verstehen ist. Wenn ein solcher Verlauf auch eher selten ist, werden die Abweichungen dennoch an diesem Standard gemessen. Diese Praxis ist vielleicht erstaunlich, funktioniert aber heute so wie vor hunderten von Jahren. Neben dem Verlauf der Linie ist auch ihre Beschaffenheit von Bedeutung. Eine Handlinie sollte deutlich, aber weder zu breit noch zu tief gezeichnet sein, und auch eine zu feine Ausprägung gilt als Abweichung. Als Störungen gelten alle Arten von Inseln, Punkten oder Querlinien, Drei- und Vierecke gleichen solche Brüche wieder aus. Die Aufstellung unten listet alle mir bekannten Stö-

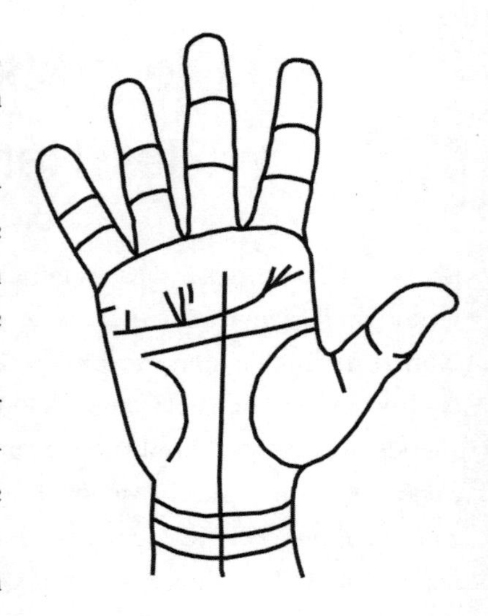

Gabel

Doppellinie

Kleine Äste, aufsteigen

-absteigen

Schnittlinie

Bruch

Punktierte Linie

Ährenförmige Verzweigung

Kettenlinie

Wellenlinie

rungen einer Linie auf. Finden Sie dann eine dieser Formen, können Sie diese in Bezug zu der Linie bzw. dem Handberg deuten. Da, wo die Störungen eine besondere Deutung erfahren, werde ich sie ausdrücklich bei der jeweiligen Linie beschreiben.

Dennoch sind nicht alle Veränderungen oder ungewöhnlichen Verläufe krankhaft oder Zeichen einer schwierigen Persönlichkeit. Die Vielfalt der Menschen zeigt sich auch und vor allem in der Hand, und eine Handlesekunst ohne Norm, und entsprechend den Abweichungen von der Norm, wäre eben nicht möglich.

Die Lebenslinie

Die Lebenslinie beginnt oberhalb des Kampfberges (siehe Kapitel „Die Handberge“ S. 80) und endet, nachdem sie den gesamten Daumenberg umschlossen hat, unten bei den Armbändern (Abb. linke Seite oben). Fast alle historischen Chiromantie-Autoren haben entsprechend dieser Regel ein Zeitschema, gemessen an einer Lebenserwartung von siebzig oder achtzig Jahren, aufgebaut. Die alte griechische Einteilung ging von hundert Jahren aus. Viele Menschen in Europa werden heute älter, und ich halte es allgemein für fruchtbarer, wenn das Alter ungefähr für jede Hand individuell erstellt wird.

Der Beginn der Linie entspricht der Kindheit, das Ende dem Alter. Suchen Sie anhand der Zeichen auf Ihrer eigenen Lebenslinie ein gesundheitliches Problem, das Ihnen noch gut im Gedächtnis ist, und stellen Sie dann fest, wo das jeweilige Alter situiert ist. Genauso können

Sie bei fremden Händen verfahren. Gerade die Phase „mittleres Lebensalter“ ist ja heutzutage recht lang. Erinnern Sie sich beispielsweise an einen Unfall im dreißigsten Lebensjahr, suchen Sie im oberen Drittel nach einer Schnittlinie. Da, wo Sie diese finden, ist an Ihrer Lebenslinie Ihr dreißigstes Lebensjahr markiert. Damit haben Sie einen individuellen Orientierungspunkt.

Ist der Mensch in der Kindheit kränklich oder schwach gewesen, so beginnt die Lebenslinie kettenförmig, oder wirkt wie geflochten (Abb. rechts). Einschnitte weisen auf ernstere gesundheitliche Gefahren hin, Unfälle oder, heutzutage, Operationen. Bei größeren Operationen oder Unfällen bildet sich eine Linie, welche an der Schicksalslinie, oder kurz vorher, im Handtal beginnt, die Schicksalslinie kreuzt, und weiter zur Lebenslinie verläuft, die dann ebenfalls überquert wird.

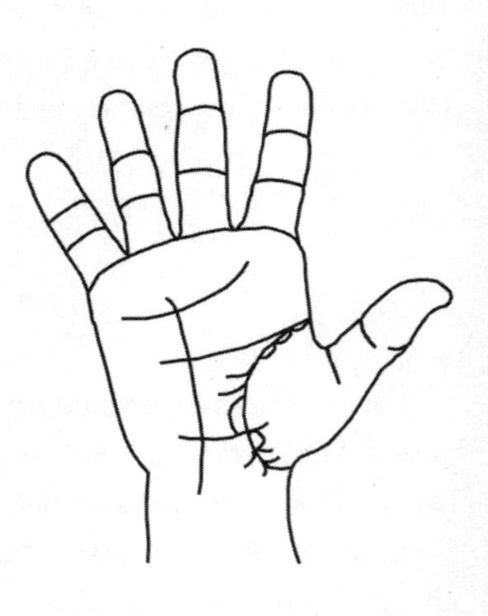

Nach meiner Beobachtung bildet sich eine Operationslinie Wochen bis Monate, seltener Jahre vor dem Eingriff, Unfallinien können von Kindheit an in der Hand bestehen. Bei entsprechender Sorgfalt in der Lebensführung können sie auch wieder verschwinden, ohne daß ein Unfall eingetreten ist. Deutlich sichtbare Punkte weisen auf Krankheiten hin. Sind die Punkte weiß oder hell, handelt es sich um Krankheiten aufgrund von Erschöpfung, bei roten um entzündliche Prozesse, bei gelben oder grünen um eitrige oder giftige Krankheiten bis hin zur

Sepsis*, bei blauen Punkten um Krankheiten durch Blut- oder Sauerstoffmangel.

Eine Unterbrechung der Lebenslinie, mit einer leicht versetzten Weiterführung (Abb. oben), deutet immer auf ein einschneidendes Ereignis. Eine sich zum Daumenberg hin verengende Lebenslinie weist auf eine Krankheit mit einschränkenden Folgen hin (Abb. oben), wird die Lebenslinie weiter, verhilft die Situation zu einer Erweiterung des Lebenskreises. Meist wird der Bruch durch ein Drei- oder Viereck wieder verbunden (Abb. unten). Wo immer diese beiden Figuren an der Lebenslinie auftauchen, besteht ein Hinweis auf den glücklichen Ausgang eines gesundheitlichen Problems.

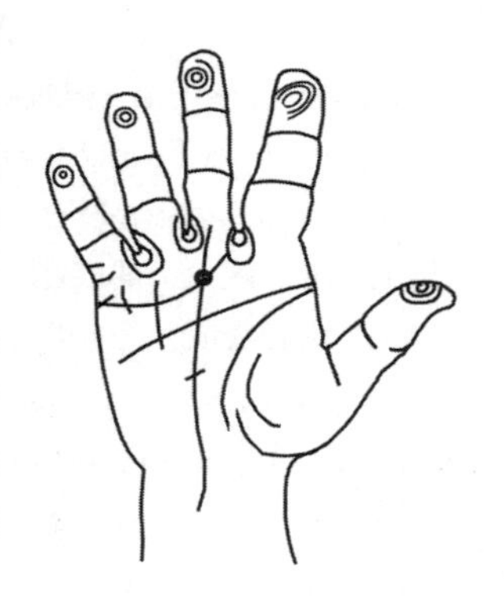

In Richtung der Finger aufsteigende, kleine Linien sind günstig, da sie einen Kraftzuwachs, meist durch gesunde Lebensführung verzeichnen. Steigen kleine Linien zur Kopflinie und dem Zeigefingerberg auf (Abb. unten), so setzt der betreffende Mensch seine ganze Kraft ein, um seine Ziele zu erreichen, und ist daher auch meist erfolgreich. Zur Handwurzel abwärts steigende kleine Linien verweisen auf einen zu hohen Energieeinsatz (Abb. S.

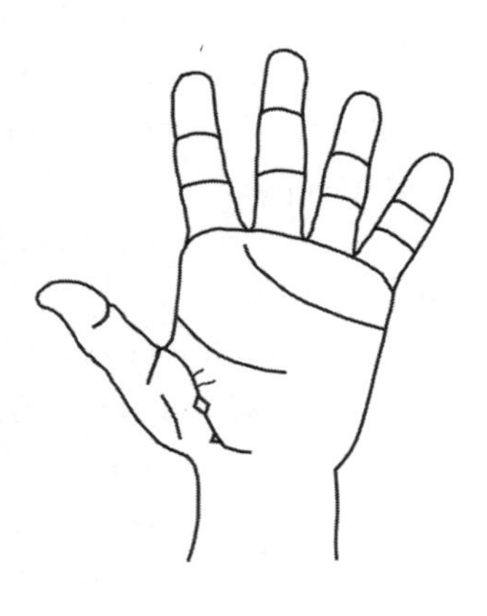

*(Blutvergiftung)

90). Der Mensch erschöpft sich in der durch die Stelle an der Lebenslinie markierten Lebenszeit.

Bitte bedenken Sie: Viele Ängste werden wach bei der Betrachtung der Länge der Lebenslinie! Dies wird durch ein Halbwissen im Bereich der Chiromantie geschürt. So glaubt jeder, der etwas vom Handlesen gehört hat, zu wissen, daß eine kurze Lebenslinie auch ein kurzes Leben bedeutet. Der Tod entzieht sich der menschlichen Voraussage, und dies ist eine weise Einrichtung! Schon aus den bisher dargestellten Fakten können Sie erkennen, daß die Lebenslinie zu den veränderlichen Zeichen der Hand gehört, also nichts endgültiges ist, auch nicht die Kürze der Lebenslinie. Richtig ist, daß eine kurze Lebenslinie auf geringere Energiereserven hinweist. Eine solche Aussage ist nur dann gültig, wenn in beiden Händen die Lebenslinie kurz ist.

Nun ist es ja keineswegs unbekannt, daß Menschen mit einer zarten Gesundheit oftmals sehr alt werden, weil sie unablässig um ihren Zustand besorgt sind. Um etwas über den Gesundheitszustand und allgemein die Lebensaufgabe eines Menschen zu erfahren, muß im Fall einer kurzen Lebenslinie in jedem Fall noch die Schicksalslinie hinzugezogen werden.

Ist die Linie, wie erwähnt, nur in einer Hand kurz, so wird der Mensch in seinem Leben öfter Schwächephasen ausgesetzt sein. Richtet der Betreffende seine Lebensführung bewußt darauf ein, so bildet sich meist, verbunden durch ein Drei- oder Viereck, eine Verlängerung der Lebenslinie (Abb. S. 91 unten). Dies gilt selbstverständlich auch bei kurzen Lebenslinien in beiden Händen!

Ein besonders gutes Zeichen wäre in diesem, aber auch in jedem anderen Fall, die Ausbildung einer *doppelten Lebenslinie* (beide Abb.

S. 91). Diese verläuft etwas zarter gezeichnet, meist innerhalb des Daumenballens. Eine solche Linie weist auf ein unverwüstliches Stehvermögen hin. Vielleicht werden diese Menschen auch einmal schwer krank, aber sie kommen stets wieder auf die Beine. Auch seelisch sind solche Menschen belastbar, jedenfalls deutet eine doppelte Lebenslinie auf eine außerordentliche Leistungsfähigkeit hin. In alten Texten wird diese Linie auch die Schutzengellinie genannt, und tatsächlich scheinen solche Menschen unter einem speziellen Schutz zu stehen.

Besteht eine solche Linie nicht von Geburt an – und dies ist selten der Fall – so bildet sie sich bei Menschen, die fortgesetzt positives Denken üben, beten, oder allgemein geistige Übungen machen, sowie bei einer moralisch anspruchsvollen Lebensweise. Auch ein kurzes Stück Begleitlinie der Lebenslinie wirkt sich schon außerordentlich günstig auf die Gesundheit aus.

Die *Wölbung* der Lebenslinie verrät etwas über den Energieeinsatz des Menschen. Ist der Bogen sehr schmal (Abb. S. 91 unten), so daß er praktisch auf dem Daumenballen verläuft, so wird sich der Mensch nie richtig anstrengen, sondern seine Kraft in gewisser Weise immer „für sich" behalten. Verläuft die Lebenslinie weit über den Daumenballen in den Handteller hinein (Abb. S. 91 oben), so setzt der Mensch immer mehr Energie ein, als er eigentlich hat. Dies sind Personen, die auch mit Fieber noch arbeiten oder Sport treiben. Das wird dann kritisch, wenn eigentlich keine Kraft mehr zur Verfügung steht. Aber meist sind solche Typen unermüdliche „Schaffer". Durch die dargestellten Extreme können Sie nun selbst jede auftretende Zwischenform der Wölbung beurteilen.

Je klarer und deutlicher die Linie in Richtung Handwurzel noch ausgeprägt ist, um so gesünder und geistig reger wird der Mensch sein Alter erleben. Ketten- oder Ährenform der Linie oder Inseln weisen auf einen angegriffenen Gesundheitszustand im Alter hin (Abb. oben). Wird bei Betrachtung der Linie rechtzeitig vorgesorgt, entsteht möglicherweise eine zweite, daneben, wie bereits beschrieben. Wenn die Lebenslinie nicht den Daumenballen umschließend am Handgelenk endet, sondern in einem Bogen zum Handkantenberg hin verläuft (Abb. unten), so haben wir einen Menschen vor uns, der Kraft aus geistigen Inspirationen schöpft. Solche Menschen können von Visualisierungsübungen zum Gesundwerden besonders profitieren.

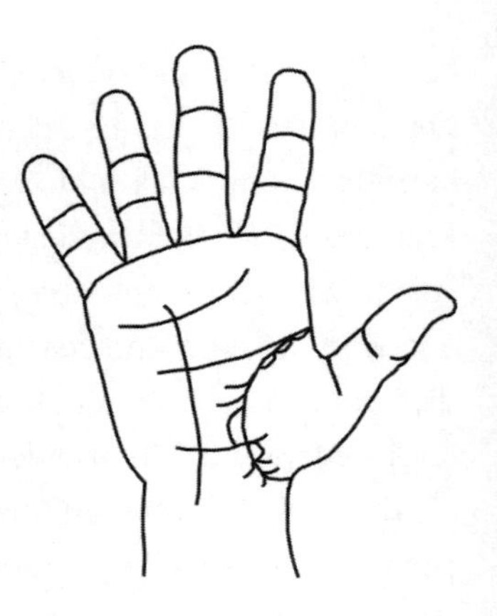

Besonderes Augenmerk muß auf Inseln im Verlauf der Lebenslinie gerichtet werden (Abb. oben). Inseln deuten auf krankhafte Verdichtung der Lebensenergie hin. Mit einer solchen Insel besteht die Gefahr einer schweren Erkrankung, wie etwa Krebs. Befindet sich die Insel an beiden Lebenslinien, ist die Gefährdung größer, weil sich dann entsprechende Veranlagungen aus mütterlichem

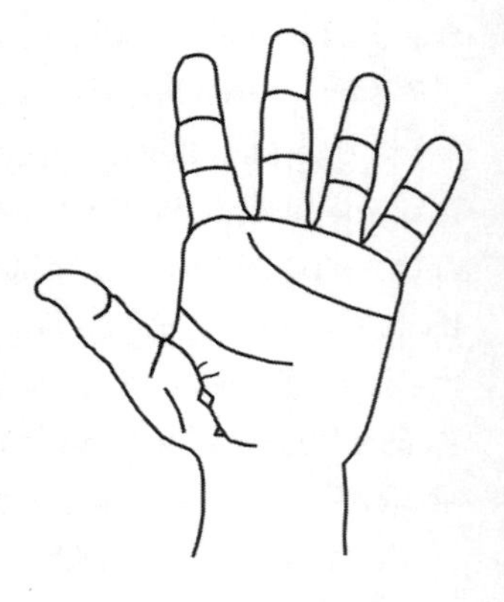

und väterlichem Erbgut findet. In jedem Fall sollte dann auch die Schicksalslinie auf Inseln hin untersucht werden. Ist die Insel an der Außenseite der Lebenslinie, handelt es sich um eine Erkrankung durch äußere Einflüsse, etwa eine Lungenerkrankung durch Rauchen. Befindet sich die Insel an der Innenseite, also auf dem Daumenballen, dann ist die Erkrankung erblich bedingt. Auch hier sollte vermieden werden, durch Ausdrücke, wie etwa „Krebsmal", zu erschrecken, denn auch die durch eine solche Bezeichnung geweckten Ängste können das Immunsystem entscheidend schwächen! Die Veranlagung ist zweifellos gegeben, ob die Krankheit ausbricht, hängt in großem Maß vom einzelnen Menschen ab! Mit einer Insel in der Lebenslinie sollte auf gesunde Lebensführung, wie Ernährung, Bewegung, Meditation, und, selbstverständlich, Vorsorgeuntersuchungen, Wert gelegt werden. Lesen Sie dazu auch die Beispiele zur Handanalyse am Ende des Buches.

Die Herzlinie

Sie ist die einzige der großen Linien, die auf dem Handkantenberg entspringt. Auf den oberen beiden Abbildungen (nächste Seite) sehen Sie zwei normale Verläufe. Es ist in jedem Fall wünschenswert, daß die Linie auch wirklich an der Handkante beginnt. Geschieht dies mehr in der Innenhand, bestehen schwerwiegende emotionale Probleme aus der Kindheit, und ein solcher Mensch wird sich nur mit Mühe eine gesunde Gefühlswelt erringen.

Die geschwungene Herzlinie verläuft dann parallel zum Fingeransatz in Richtung Zeigefinger. Es ist bedeutend, ob sie in engem oder weitem Abstand zum Fingeransatz verläuft. Bei engem Abstand ist zu wenig Raum für Gefühle, der Mensch hat ein vertrocknetes Gefühlsleben (Abb. Mitte & unten). Ist der Abstand zu weit (Abb. S. 97 oben), dann wird alles aus dem emotionalen Gesichtspunkt betrachtet, was auch nicht ausgewogen ist.

Grundsätzlich ist ein Mensch mit geschwungener Herzlinie (Abb. oben & S. 97 Mitte) herzlich, extrovertiert, und seine lebhafte Gefühlswelt ist eine Bereicherung für die Umgebung. Ein Mensch mit geschwungener Herzlinie wird sich auch einen ansprechenden und sexuell aktiven Partner wünschen und suchen. Manchmal verleiten ihn seine Gefühle zu übereilten, unüberlegten Handlungen. Allerdings hängt dies auch wesentlich davon ab, wie die Kopflinie ausgebildet ist.

Endet eine geschwungene Herzlinie zwischen Zeige- und Mittelfinger, könnte dies überhaupt als die ideale Ausprägung der Herzlinie betrachtet werden. Der Mensch mit

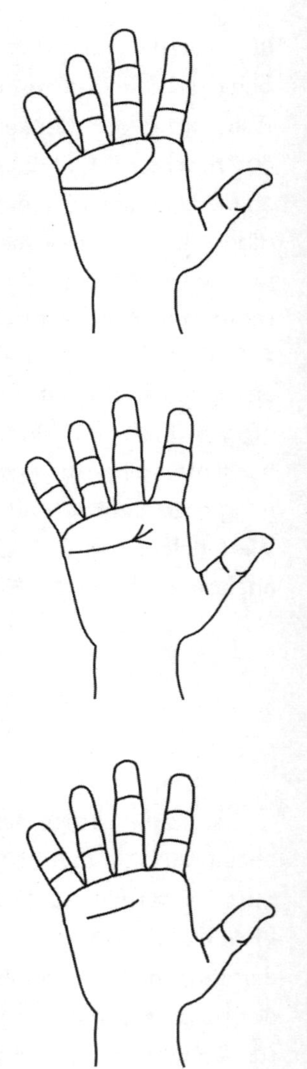

einer solchen Herzlinie hat eine reiche Gefühlswelt und Zuneigung für viele Menschen, meist auch eine gute Bindung an seine Familie. Dabei lebt er einen gesunden Egoismus, allerdings ist er ungern allein.

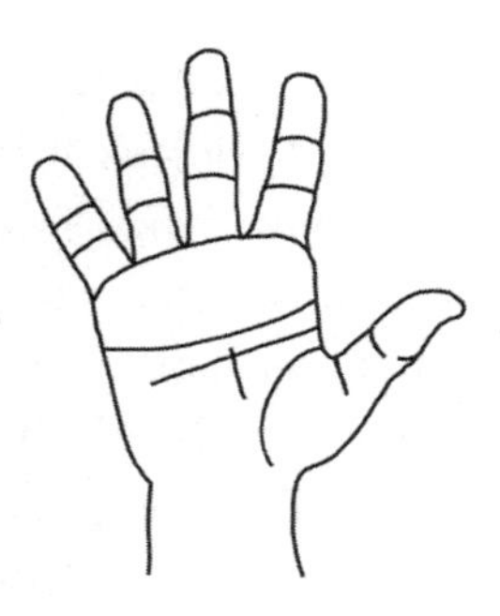

Läuft die Herzlinie etwa bis zur Mitte der Zeigefingerwurzel, hat der Mensch hohe Ansprüche an seine Mitmenschen (Abb. Mitte). Mit der Wahl des Partners wird sich Zeit gelassen, bis der „richtige" auftaucht, und es folgt dann meist auch eine gute Ehe. Genau so verhält es sich bei der Auswahl der Freunde: Wenige, interessante Menschen werden bei diesem Herzlinienende genügen.

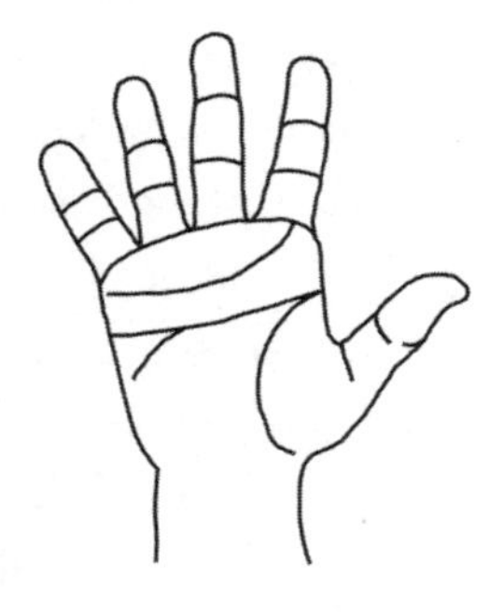

Ist die Herzlinie auf der Daumenseite übermäßig lang (Abb. oben), und endet sie womöglich erst über dem Kampfberg, so handelt es sich um eine besitzergreifende Person. Ein Partner wird es mit einem solchen Menschen sehr schwer haben, denn ihm bleibt kaum Raum für ein eigenes Leben. Oft leiten – oder beherrschen, je nachdem – Menschen mit einer überlangen Herzlinie ganze Gruppen.

Verzweigt sich die Herzlinie in drei Äste, von denen einer zum Zeigefinger, einer zum Mittelfinger und einer in dem Zwischenraum dieser Finger endet (Abb. unten) dann haben wir einen

Menschen mit einem sehr hoch entwickelten Gefühlsleben vor uns. Die Fürsorge wird nicht nur auf Angehörige, sondern auf viele Menschen ausgedehnt, und all dies ist getragen von Verantwortungsgefühl und Reife. Solche Menschen sind der gewählte Mittelpunkt jeder Gemeinschaft, auch wenn sie selten in leitenden Funktionen zu finden sind, da ihnen dazu das Machtstreben fehlt.

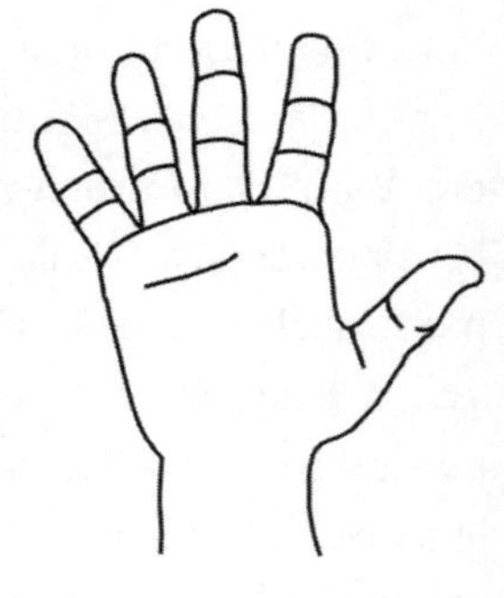

Ein Ende unter dem Mittelfinger ist weniger wünschenswert (Abb. oben). Zum einen ist die Herzlinie dadurch verkürzt, es fehlt an emotionaler Wärme. Zum anderen werden Beziehungen entweder der Pflicht unterworfen oder nur unter dem Gesichtspunkt der Karriere gesehen, die Sexualität wird als reiner Trieb ausgelebt. Ein Ast zum Zeigefinger hin deutet auf die Überwindung dieser ungünstigen gefühlsmäßigen Anlagen.

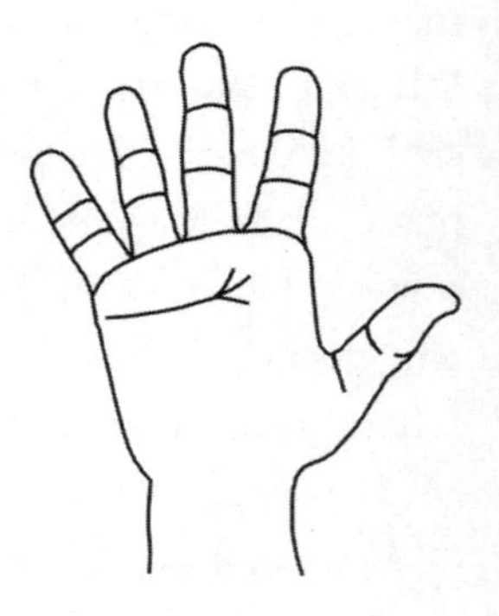

Eine gerade Herzlinie (Abb. unten) zeigt einen in seinen Gefühlen eher zurückhaltenden, passiven Menschen. Eine gerade Herzlinie ermöglicht Beziehungen aus Vernunftgründen, Ehen werden überlegt geschlossen, unter dem Gesichtspunkt der gemeinsamen Interessen. Ein Mensch mit gerader Herzlinie kann auch allein leben oder längere Zeit von seinem Partner getrennt wohnen, wenn sich dies als notwendig oder günstig erweist. Auch bei der geraden Herzlinie erweist sich eine Dreiteilung am Ende als vorteilhaft.

Ist die Herzlinie zu Beginn in Ketten aufgesplittert oder ährenförmig (Abb. oben), so weist dies auf eine leidvolle Kindheit hin. Inseln deuten auf schwere seelische Belastungen (Abb. oben), je nach der Entfernung zum Beginn können Sie in etwa das Alter der Belastung ausmachen. Meist finden sich die Inseln unter Ring- oder Mittelfinger, was der Mitte des Lebens entspricht.

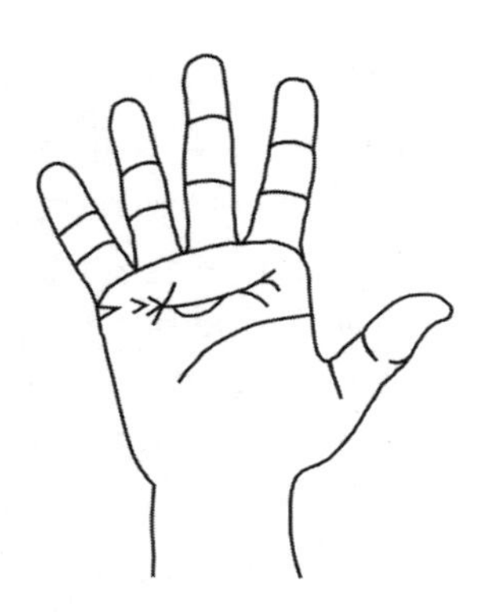

Von oben nach unten verlaufende kleine Schnittlinien weisen auf Trennungen (Abb. oben). Reihen sich viele Inseln wie Ketten aneinander, fehlt dem Menschen die Gabe, sich an den kleinen Dingen des Lebens zu erfreuen, er wird viel leiden (Abb. oben). Kleine Zweige zur Kopflinie hin (Abb. oben) weisen auf emotionale Intelligenz: Stimmungen werden in die Überlegungen mit einbezogen. Kleine Zweige nach oben sind ein Hinweis auf eine positive Lebenseinstellung (Abb. unten). Ein einzelner, längerer Zweig gegen Ende der Herzlinie, in Richtung Kopflinie (Abb. oben), gibt Hinweis auf einen Menschen, der schwer über vergangenes Leid hinwegkommt, weil er immer wieder darüber nachdenkt.

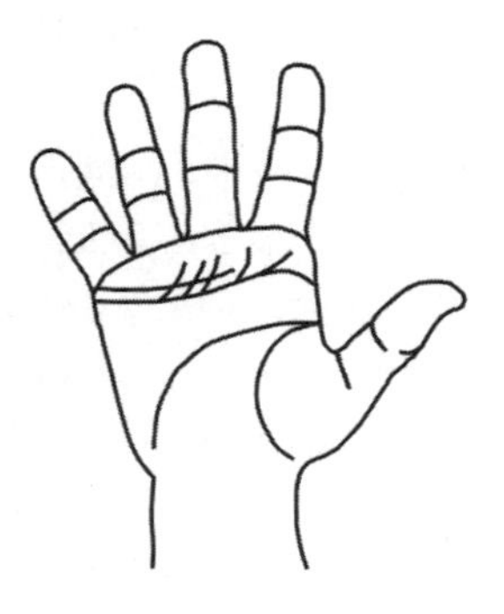

Eine zweite Herzlinie (Abb. unten), auch wenn sie nur ein Stück lang parallel läuft, ist ein seltenes Zeichen und bildet sich bei Menschen mit außergewöhnlicher seelischer Belastbarkeit. Nichts bringt sie aus der Fassung, selbst in widrigsten Umständen bewahren sie Menschlichkeit und Würde. Dieser besonderen emotionalen Kraft kann sich niemand in ihrer Umgebung entziehen.

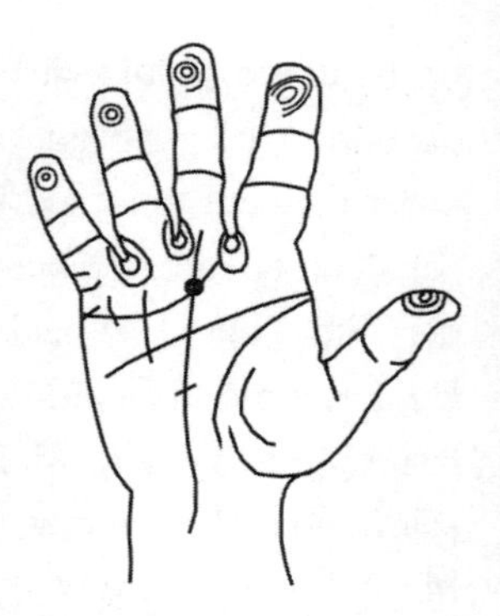

Die Länge der Linie sagt nichts über das Organ Herz. Rote oder gar blaue Punkte dagegen sind Hinweise auf Durchblutungsstörungen (Abb. oben), die vom Herzen ausgehen oder das Herz betreffen. Sterne auf der Herzlinie können Herzklappenfehler oder andere Mißbildungen am Herzen anzeigen. Sollte ein Mensch mit diesen Zeichen tatsächlich noch nichts von einer solchen Störung wissen – was selten vorkommt – wäre eine gründliche ärztliche Untersuchung anzuraten. Das Problem allerdings ist, daß solche Zeichen auch Monate vor dem Ausbruch der Erkrankung auftreten können, also unter Umständen noch nicht meßbar sind.

Die Kopflinie

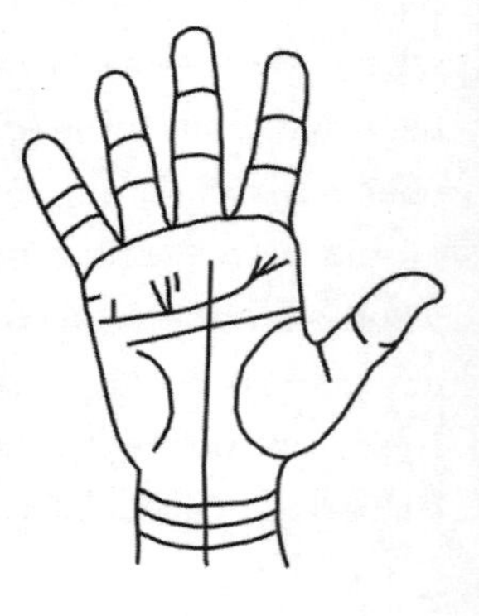

Die Abbildung unten zeigt Ihnen, welcher Abstand zu den beiden anderen großen Linien als ausgewogen betrachtet werden kann. Die Kopflinie sagt etwas aus über die Denkfähigkeit. Sie beginnt oberhalb des Kampfberges.

Ideal ist ein kurzes Zusammenlaufen mit der Lebenslinie (Abb. unten & nächste Seite oben), weil dadurch Triebkraft und Denken in angemessener Weise zusammenarbeiten. Ist die Kopflinie mehr als zwei Zentimeter mit der Lebenslinie verbunden (Abb. Mitte & unten), haben wir es mit einem übervorsichtigen Menschen zu tun, der nur schwer etwas Neues beginnt, und deshalb auch meist lange im Elternhaus bleibt, oder sich von einer Elternfigur führen läßt.

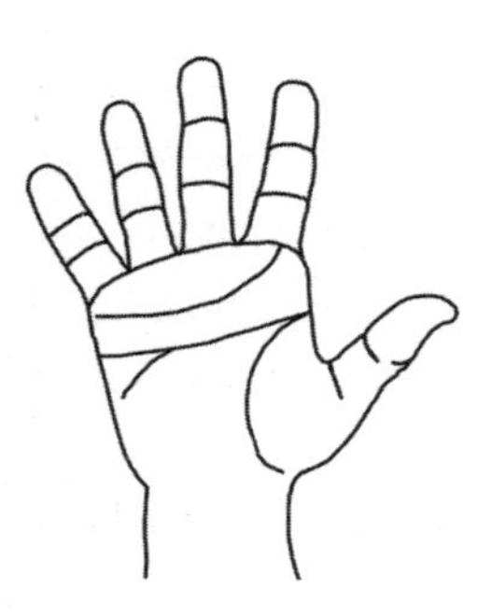

Gibt es von Anfang an einen Abstand zwischen den beiden Linien, ist plötzliches, impulsives Handeln möglich (Abb. S. 100 oben). Die Länge (Abb. oben) der Kopflinie ist ein Hinweis darauf, wie gründlich ein Mensch eine Sache durchdenkt, und damit ein Zeichen für Reife und Lernfähigkeit. Insofern verrät die Kopflinie mehr über einen Menschen als sein Intelligenzquotient.

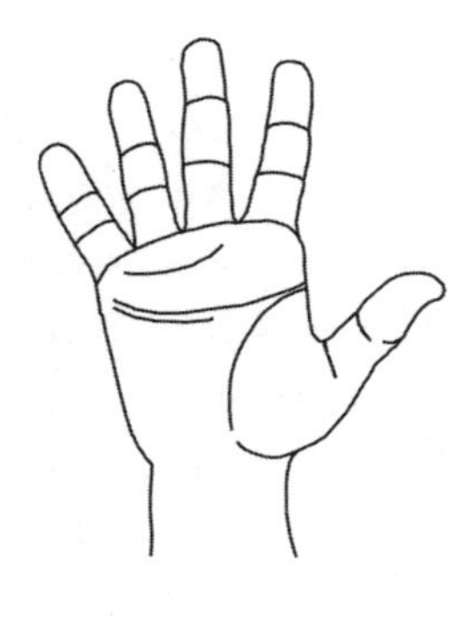

Endet die Kopflinie am Handkantenberg, ist sowohl das Denken wie auch das Gedächtnis überdurchschnittlich ausgebildet. Einem solchen Menschen ist es unmöglich, oberflächlich zu sein. Entsprechend leichter fällt es einem Menschen mit kurzer Kopflinie, über Probleme oder Ereignisse hinwegzugehen. Je kürzer die Kopflinie ist (Abb. oben), um so negativer wirkt sich das aus. Auch hier findet sich gelegentlich

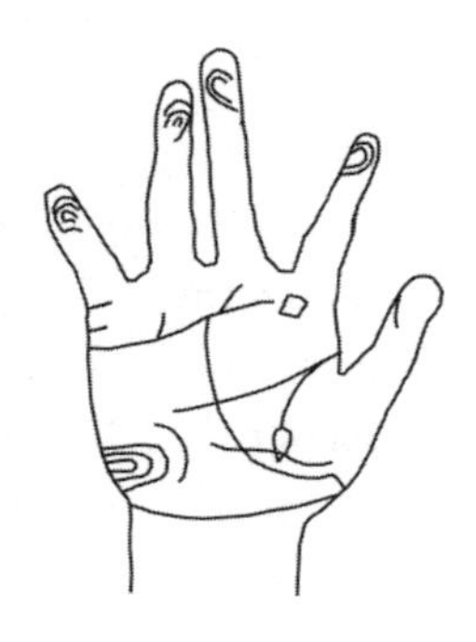

eine durch ein Viereck verbundene Verlängerung, wenn der Mensch an dieser Schwäche arbeitet.

Verläuft die Kopflinie mit einem Schwung zum Kleinfingerberg (2. Abb. v.o.), dann weist dies auf kaufmännisches Geschick hin; dieser Mensch kann gut Geschäfte abschließen und zeigt sich durchaus auch in diesem Sinne berechnend. Endet die Kopflinie mit einem Bogen nach unten in den Handkantenberg (3. Abb. v.o. & Abb. S. 100, oben), dann ist eine Offenheit für geistige Fragen da, auch eine spirituelle Entwicklung findet hier eine gute Grundlage. Allerdings ist ein tiefer Abfall der Kopflinie (Abb. unten), fast bis zum Handgelenk hin, womöglich in den Handgelenksberg hinein, ein sicherer Hinweis auf Depressionen und andere Gemütserkrankungen. Ein sich abzweigender Ast am Ende der Kopflinie wird auch die Dichtergabel genannt (Abb. S. 101 oben), und kann sich bei Menschen finden, die gut formulieren können, oder tatsächlich schriftstellerische Bestrebungen haben. Selten ist die doppelte Kopflinie (2. Abb. v.o.), und hier kann man dann mit außergewöhnlichen Geistesgaben rechnen.

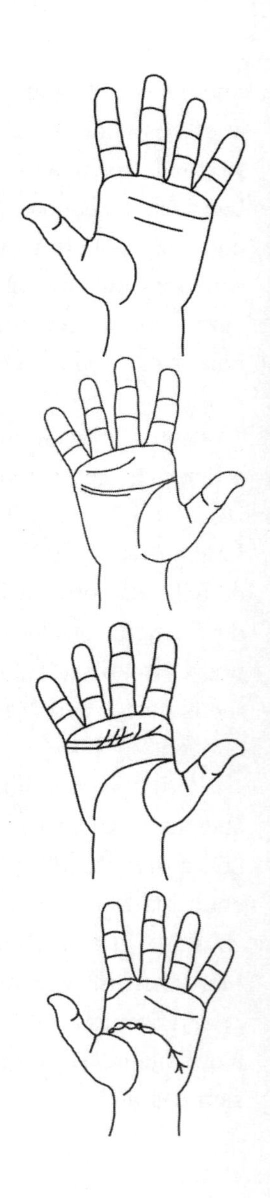

Organisch gesehen, vertritt die Kopflinie das gesamte Nervensystem. Entsprechend sind die Störzeichen zu werten (Abb. vorige Seite, unten). Auch hier finden sich die Störungen meist unter dem Ring- oder Mittelfinger, als der Mitte des Lebens. Befindet sich eine Insel auf der Kopflinie, besteht eine Neigung zu Nervenzusammenbrüchen unter Belastung. Hier sollte auf ein regelmäßiges, rhythmisches Leben geachtet werden, um die Auswirkung dieser Inseln in den Griff zu bekommen.

Die gesperrte Hand

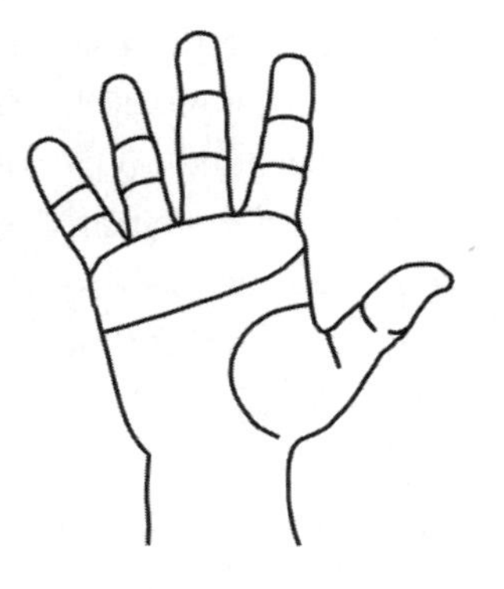

Von einer gesperrten Hand spricht man, wenn anstelle der Herz- und der Kopflinie nur eine einzige Linie den oberen Handteller durchläuft, und zwar im klassischen Fall vom Handkantenberg bis oberhalb des Kampfberges (Abb. rechts).

Die Sperrlinie wird auch, etwas unschön, die Affenfurche genannt, weil eine Ähnlichkeit zu den Linien der Pfoten von Menschenaffen entdeckt wurde. Da auch viele Menschen mit Down-Syndrom eine gesperrte Hand haben, wird diese Linie schließlich auch mit verminderten geistigen Fähigkeiten in Verbindung gebracht. Auch hier hat das Halbwissen viel Verwirrung gestiftet! Wie verhält es sich nun wirklich?

Bei einem Menschen mit Sperrlinie gibt es eine intensive Verschmelzung des Gedanken- und Gefühlslebens. Wenn dies auch für den künstlerischen Ausdruck sehr fruchtbar sein kann, und diese Menschen dadurch durchaus anziehend sind, leiden Personen mit gesperrter Hand oftmals unter diesem Umstand. Dies ist leicht nachzuvollziehen: Wenn die ordnende, beruhigende Kraft der Gedanken fehlt, sind Emotionen nur schwer zu verarbeiten. Und wenn wiederum die Gefühle das Denken zu stark beeinflussen, ist Sachlichkeit kaum möglich.

Ist die Sperrlinie nur in einer Hand zu finden, dann wird der Handeigner dies als innere Spannung erleben, unter Umständen nimmt die Umgebung es gar nicht wahr. Menschen mit Sperrlinie hilft es, wenn sie möglichst mehrere Kunstformen regelmäßig ausüben. Zum einen steckt in einem Menschen mit Sperrhand ohnehin ein Künstler, und eine Karriere in diesem Bereich ist aus den geschilderten Anlagen heraus sehr gut möglich. Zum anderen bildet sich bei dieser Form der Selbsterziehung häufig ein „Liebesgürtel“ (siehe S. 114), der dann die Funktion der Herzlinie übernimmt. In diesem Fall verbleiben dem Menschen mit Sperrlinie nur die positiven Auswirkungen dieser Anlage!

Ungünstig ist die Sperrlinie nur dann, wenn sie kurz ist (Abb. rechts). Dann sind verminderte Gefühls- und Gedankenkräfte auch noch verquickt, so daß man schon davon ausgehen muß, daß der Mensch es durch seine innere Armut in seinem Leben schwer haben wird.

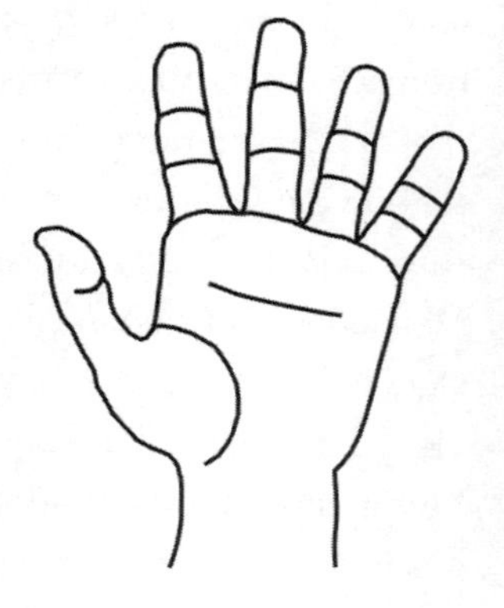

Die Schicksalslinie

Die Schicksalslinie gehört zu den individuell ausgeprägten Linien. Es gibt zwar nur eine Stelle, an der sie zu finden ist, aber die Ausformung ist bei jedem Menschen anders, eine Normal- oder Idealform (Abb. oben) kann bei der Schicksalslinie nicht mehr sicher angegeben werden.

Die Schicksalslinie sagt etwas über Eigenschaften wie Ausdauer, Leistungswillen, Verantwortungsgefühl und Zielstrebigkeit aus und damit etwas über die Art, wie der Mensch sich seiner Lebensaufgabe stellt. Von daher verrät die Schicksalslinie viel über das Berufsleben, wobei Muttersein und Hausfrauenarbeit selbstverständlich auch Berufe sind. Arbeit im weitesten Sinn hat sehr viel mit der Erfüllung des menschlichen Schicksals zu tun!

Aber auch Gefahren und Schicksalsschläge sowie Krankheiten lassen sich an Störungen der Schicksalslinie erkennen. Auf den Abbildungen hier finden Sie einige unterschiedliche Verläufe. Mittlerweile haben Sie genügend Kenntnisse, um selbständig Störungen der Linien zu

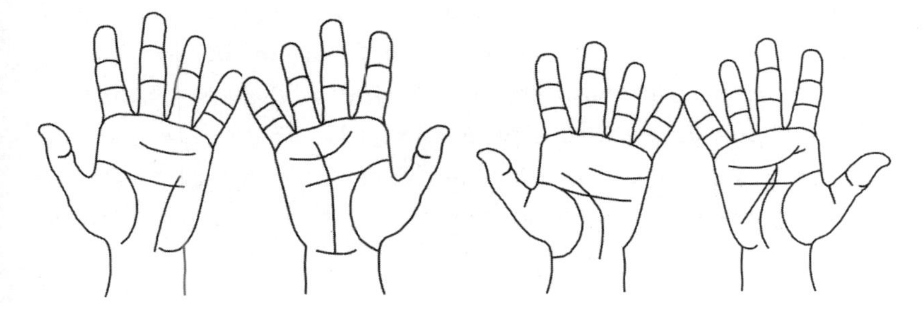

erkennen, oder das Ende auf den unterschiedlichen Hand- oder Fingerbergen in die Deutung mit einzubeziehen!

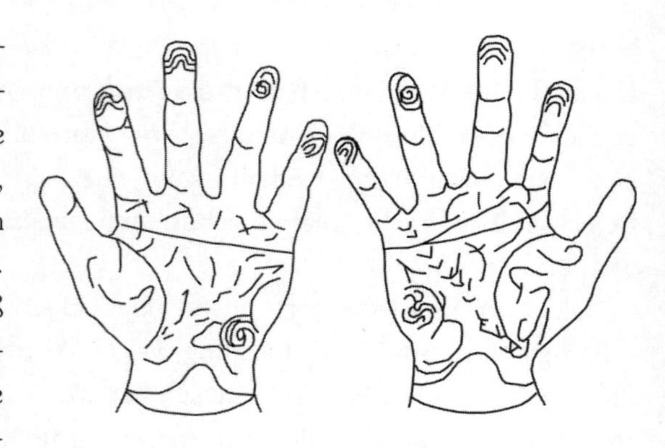

Beginnen wir diesmal mit dem ungünstigsten Fall: Die Schicksalslinie fehlt, womöglich in beiden Händen (Abb. rechts). Zunächst einmal muß das Alter der betreffenden Person in die Deutung mit einbezogen werden. Unter vierzehn Jahren wird das Fehlen der Schicksalslinie zunächst noch nicht bewertet. Allerdings bildet sich bei der Mehrzahl der Kinder des ausgehenden zwanzigsten und beginnenden einundzwanzigsten Jahrhunderts die Schicksalslinie sehr viel früher aus. Es läge also eine verspätete Entwicklung vor, wenn der Anfang der Schicksalslinie erst nach dem vierzehnten Geburtstag entstünde.

Einem Menschen ohne Schicksalslinie fehlt der Wille, seine Lebensaufgabe in Angriff zu nehmen, er wird in vielen Fällen keine Ausbildung beenden, oder nur mit großer Mühe. Später wird er es nie lange an einem Arbeitsplatz aushalten, und auch das Privatleben sieht ähnlich unstet aus. Immer wieder finden Umbrüche, Trennungen und Umzüge statt, da ja die oben erwähnten Eigenschaften fehlen. Im Prinzip ist dies natürlich keineswegs unabwendbar, es hängt allerdings viel von der Struktur der gesamten Hand ab, ob es dem Menschen gelingt, sich soweit zu verändern, daß, wenn auch spät, noch Ansätze der Schicksalslinie erscheinen.

Fehlt die Schicksalslinie nur in einer Hand, dann ist für die Deutung wichtig, in welcher Hand die Linie da ist. In der linken wäre es positiv, da dem Menschen in seiner "tiefsten" Seele klar ist, was seine Aufgabe im Leben ist, auch wenn es nicht immer gelingt, dies in die Tat umzusetzen. In der rechten Hand wird es dagegen so sein, daß der Mensch durchaus einer Arbeit nachgeht, aber der Sinn im Leben fehlt.

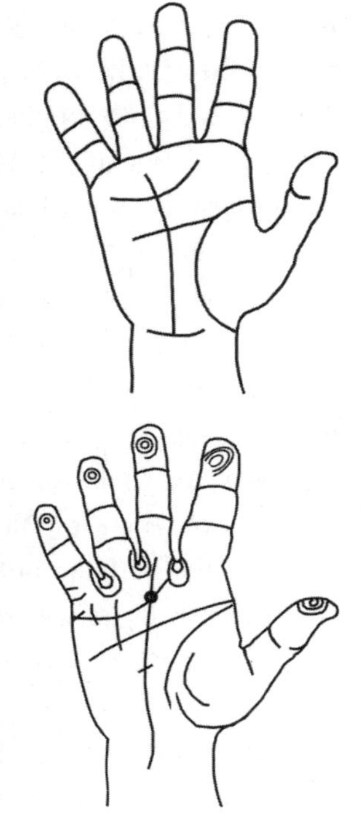

Die Schicksalslinie beginnt üblicherweise im untersten Bereich des Handtellers, in der Nähe der Handwurzel (beide Abb. rechts), meist im Handgelenksberg, oder sogar noch tiefer, auf den Armbändern. Damit ist dann die genetische Disposition Grundlage der Schicksalserfüllung. Beginnt die Schicksalslinie im Handkantenberg (Abb. S. 108, oben links), handelt es sich um eine Person, die sehr eigenständig ihren Weg geht, allerdings ohne mit Traditionen zu brechen. Beginnt die Schicksalslinie auf der Lebenslinie (Abb. S. 108, Mitte und rechts), so wird der Handeigner lange von den Umständen seiner Kindheit, meist familiären Verpflichtungen, fest-, und von einem individuellen Weg abgehalten.

Verläuft die Schicksalslinie ein Stück lang gemeinsam mit der Lebenslinie (Abb. un-

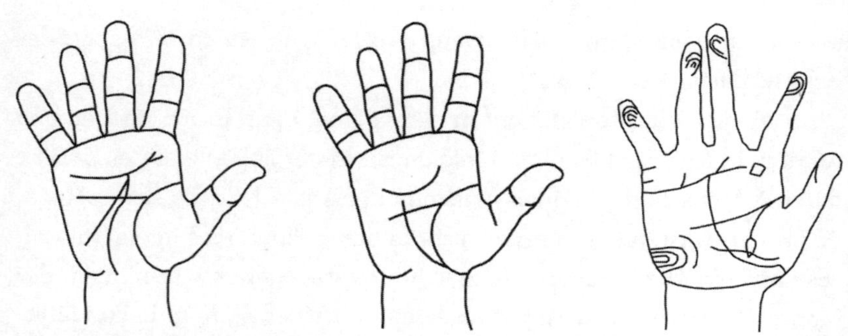

ten), bleibt diese Bindung erhalten, etwa durch die Verpflichtung, Familienangehörige zu pflegen oder einen Familienbetrieb zu übernehmen. Beginnt die Schicksalslinie auf dem Daumenberg, so wird die Triebbefriedigung in der Jugend das wichtigste Ziel sein. Je nachdem, wie lange die Schicksalslinie auf dem Daumenballen verläuft, bleibt diese Neigung bestehen.

Theoretisch kann die Schicksalslinie unter jedem Finger enden, meist liegt das Ende aber an der Kopf- oder Herzlinie (Abb. oben links, oben rechts & rechts oben), dann wird die angestrebte Richtung der Linie in die Deutung mit einbezogen. Je länger die Linie ist, um so leistungsfähiger wird der Mensch auch im Alter noch sein (Abb. rechts unten & vorige Seite unten). Endet die Schicksalslinie unter dem Mittelfinger (Abb. rechts oben und S. 107 unten), so besteht das ganze Streben des Menschen in Arbeit und Pflicht, er kann sich auch von der Verantwortung erdrückt fühlen. Unter dem Zeigefinger wird das ganze Schaffen in den Dienst der Selbstverwirklichung gestellt (Abb. unten links), solche Menschen machen in der Regel eine gute Karriere. Eine Schicksalslinie, die unter dem Ringfinger endet (Abb. unten Mitte), weist auf ein Leben im Dienst der Kunst, unter dem Kleinfinger (Abb. linke Seite, rechts oben) auf kommunikative oder kaufmännische Ziele. Aber die Schicksalslinie kann an jeder Stelle des Handtellers enden, dies müssen Sie dann entsprechend der vorgestellten Methode deuten.

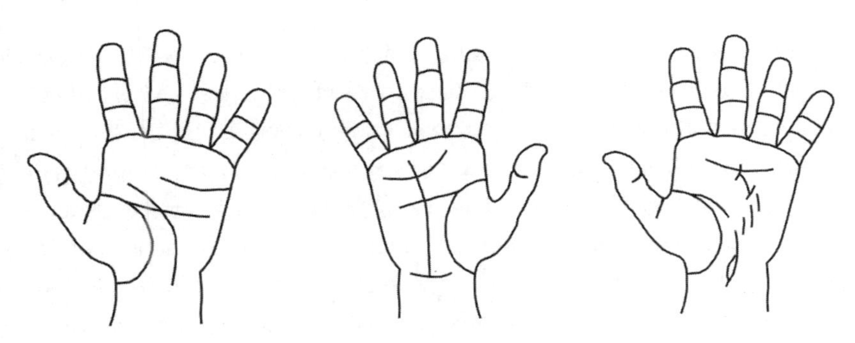

Eine allzu kurze Schicksalslinie ist nicht so günstig, meist muß sich die Person mit ärmlichen Bedingungen herumplagen. Eine sehr lange Linie zeugt zwar von großem Schaffensdrang und enormer Leistungsfähigkeit, aber auch von erdrückender Verantwortung. Die meisten Frauen haben übrigens längere Schicksalslinien als Männer, dies ist sogar in den ältesten Büchern der Handlesekunst festgehalten. Seit jeher wird das auch so gedeutet, daß Frauen, besonders Mütter, mehr Verantwortungsgefühl haben.

Eine zwar deutliche, aber feine, und immer wieder zerrissene Schicksalslinie (Abb. S. oben rechts) spricht von einer deutlichen Lebensaufgabe, aber es fehlt dem Handeigner an der körperlichen, und manchmal auch der seelischen Substanz, die er zur Erfüllung dieser Lebensaufgabe bräuchte. Kleine Schnittlinien (Abb. S. 109, rechts) weisen auf Schicksalsschläge und Lebensumbrüche hin, ebenso ein Ende mit leicht versetztem Neubeginn. Inseln (Abb. S. 109, rechts) sind Hinweise auf gesundheitliche Probleme, die den Menschen in seiner Tätigkeit behindern können.

Manchmal gibt es eine zweite Schicksalslinie (Abb. S. 108, oben links), vorzugsweise entspringt diese auf dem Handkantenberg. Dies bedeutet, daß der Mensch eben zwei Laufbahnen verfolgt, meist eine künstlerische, und einen sogenannten Broterwerb. Aber es kann sich auch um eine ehrenamtliche soziale Aufgabe zusätzlich zur Berufstätigkeit handeln. Bei mehreren kurzen Linien (Abb. S. 109, rechts) nebeneinander handelt es sich eher um Zersplitterung in viele Tätigkeiten. Oft verläuft die Schicksalslinie klar bis zur Kopflinie, und wird zwischen dieser und der Herzlinie undeutlich. Ein solcher Mensch wird sich wahrscheinlich in mittleren Jahren noch einmal neu orientieren.

Es lohnt sich, viele Schicksalslinien zu betrachten! Auf diese Weise können Sie bereits Erlerntes praktisch umsetzen. Wer eine Schicksalslinie gut deuten kann, ist in der Kunst des Handlesens bereits recht fortgeschritten!

Die kleinen Linien des Handtellers

Es gibt noch eine ganze Reihe von Linien, die seltener auftreten, aber doch so häufig, daß genauere Angaben darüber gemacht werden können – nur die Beobachtung an zahlreichen Menschenhänden garantiert die Richtigkeit allgemeiner Hinweise. Sehr viele Linien in der Hand zu haben ist nicht unbedingt günstig, ebensowenig eine allzu einfach strukturierte Liniengebung. Der eine Mensch ist zu kompliziert, der andere zu oberflächlich.

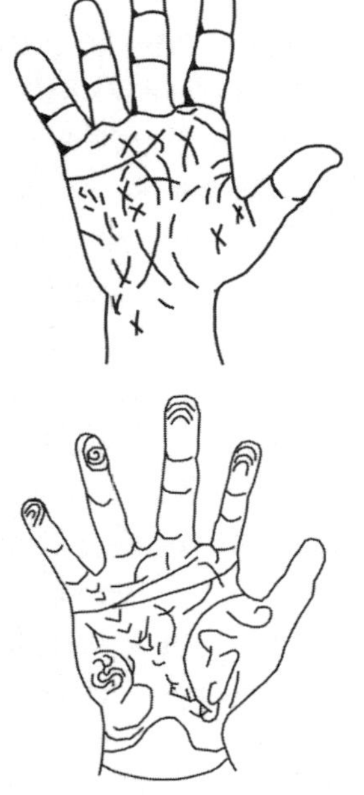

Grundsätzlich haben Männer weniger Linien als Frauen, dies müssen Sie in die Betrachtung mit einbeziehen! Das läßt schon den Schluß zu, daß Frauen vielschichtiger veranlagt sind. Eine mit vielen Linien überzogene Hand ist also bei einem Mann ein außergewöhnlicheres Merkmal als bei einer Frau. Und wenige Linien in der weiblichen Hand lassen dann schon fast auf eine verarmte Seelen- oder Gedankenwelt schließen.

Ist die gesamte Handfläche übersät von feinen Linien, werden diese nicht einzeln gedeutet, es handelt sich um ein überreiztes Nervensystem, was sich unter anderem in allergischen Reaktionen äußert (beide Abb. rechts). Der Handeigner sollte sich sehr um eine gesunde Lebensführung bemühen. Fehlen die Hauptlinien, und es findet sich statt dessen eine übermäßige Zahl kleiner Linien (Abb. rechts), so ist das Nervensystem so geschädigt, daß die Prognose ungünstig ausfällt. Ein solcher Mensch wäre gut beraten, sich in ärztliche oder therapeutische Behandlung zu begeben.

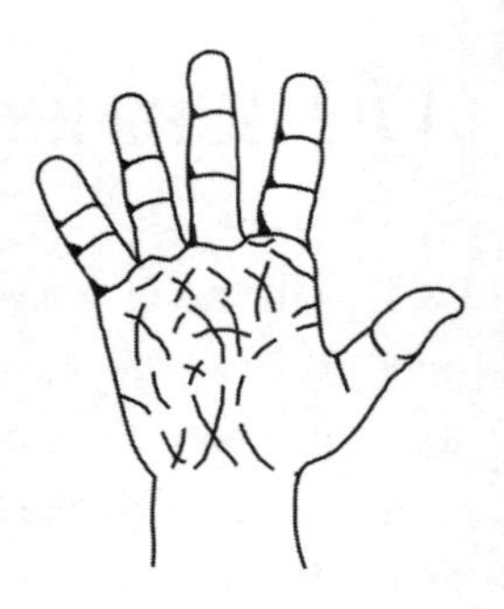

Beziehungslinien

Kaum etwas beflügelt die Phantasie derart, wie das Vorhandensein dieser Linien! Viele, vor allem junge Menschen, sind recht enttäuscht, wenn die Angaben über Liebe nicht detailliert genug ausfallen. Aber in der Hand erkennt man lediglich die persönlichen Anlagen, wer genaueres etwa über künftige Partner erfahren will, der muß eine andere Methode wählen, etwa das Kartenlegen! Die Beziehungslinien sagen etwas aus über tiefe, gefühlsmäßige Bindungen zu einem anderen Menschen. Dabei ist weder etwas über das Geschlecht oder Alter, noch über die Art der Beziehung ausgesagt. Allerdings kann man davon ausgehen, daß es sich nicht um familiäre Bindungen handelt. Aber auch geistig Behinderte, die niemals heiraten oder in Partnerschaften leben, haben Beziehungslinien! Es ist ein menschliches Grundbedürfnis, und ich habe noch keine Hand ohne wenigstens eine dieser kleinen Linien gesehen (Abb. nächste Seite).

Die Beziehungslinien finden sich an der Handkante, und zwar unter dem kleinen Finger. Die meisten Menschen haben zwei oder drei die-

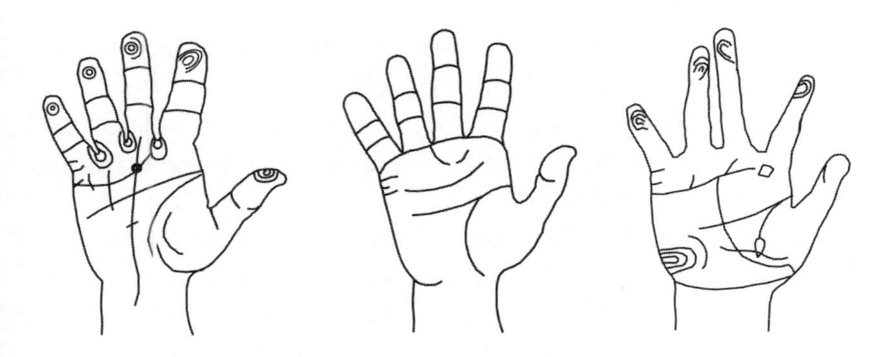

ser Linien (Abb. oben Mitte, links & rechts). Diese müssen deutlich sichtbar und tief eingekerbt sein, überprüfen Sie dies! Finden sich in der rechten Hand beispielsweise zwei, in der linken aber drei Beziehungslinien (Abb.oben rechts), so werden eben zwei nach außen hin deutlich sichtbar gelebt, etwa als Ehen oder "feste Freundschaften", eine entweder heimlich, oder es handelt sich eben um eine Begegnung, die sich nur in der Seele abspielt.

In früheren Jahrhunderten waren diese Linien ganz offensichtlich aussagekräftiger. Man muß dabei bedenken, daß die gewöhnlichen Menschen weit weniger Liebesbeziehungen hatten, schon aus Gründen der geringeren Lebenserwartung. Nach meiner Erfahrung sind in der Hand nur die wirklich tiefgehenden Lieben eingraviert, nicht die kleineren Abenteuer!

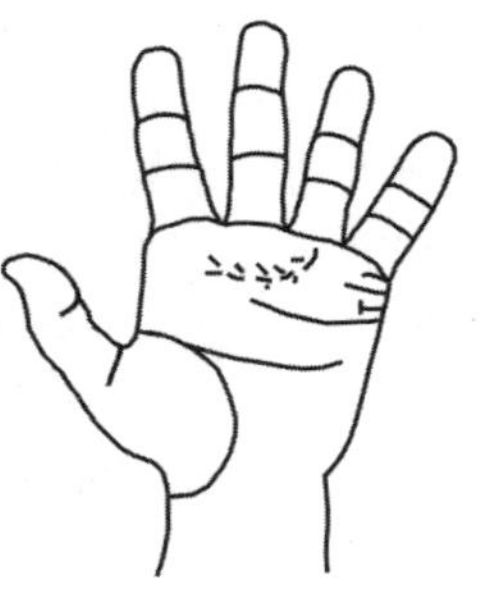

Findet sich eine senkrechte Linie als Abschluß der Linie (Abb. unten), so endet diese abrupt, durch Tod oder plötzliche Trennung. Eine Gabelung am Ende (Abb. unten) weist auf eine lange Zeit von Streit und Kummer, z.B. in einer Ehe. Ist eine Beziehungslinie übermäßig lang (Abb. vorige Seite unten), so daß sie bis auf den Kleinfingerberg reicht, so zeugt dies davon, daß der Mensch sich ganz von seinen Partnern abhängig macht und in diesem Sinn auch besitzergreifend ist.

Ganz abraten muß ich davon, sich nach sogenannten Kinderlinien zu orientieren. In einer Zeit, in der Geburtenkontrolle so verbreitet ist wie in unserer abendländischen Kultur, kann es keine zuverlässige Aussage dieser Art in der Hand mehr geben! Kleine, von den Beziehungslinien aufsteigende Linien wurden früher als Kinderlinien bezeichnet, und konnten Aufschluß über die Anzahl der Geburten, vor allem in Frauenhänden geben.

Der Liebesgürtel

Dieser Halbkreisbogen verläuft um die Wurzel von Ring- und Mittelfinger. Handelt es sich um eine gesperrte Hand, dann übernimmt der Gürtel lediglich die Funktion der Herzlinie. Für die Deutung ist es wichtig, ob die Linie klar und deutlich, wenn auch hie und da unterbrochen ist (Abb. rechts), oder ob es sich um ein vielfach zerrissenes Gebilde handelt (Abb. vorige Seite unten). Jeder Form ist eine erhöhte Empfindsamkeit eigen, die sich vorzugsweise in außer-

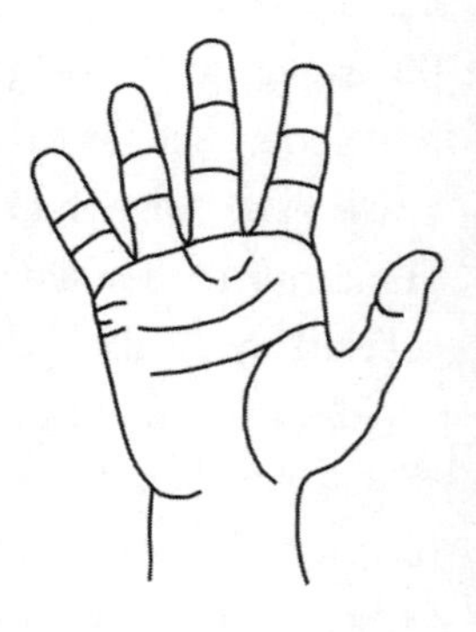

gewöhnlichen, meist künstlerischen Begabungen äußert. Außerdem verfügen Menschen mit einem Liebesgürtel über eine geradezu magische Anziehungskraft, so daß sie stets intensive Beziehungen erleben und selten allein sind.

Ist der Liebesgürtel klar ausgeprägt (Abb. vorige Seite), dann gelingt es leicht, die entsprechenden Eigenschaften zum Ausdruck zu bringen. Handelt es sich aber um einen gestörten Gürtel (Abb. S. 113 unten), so belastet die Empfindsamkeit den Menschen, der dann auch unter vielerlei Ängsten in Prüfungssituationen leidet, etwa Lampenfieber. Eine Person mit zerrissenem Liebesgürtel (Abb. S. 113 unten) sollte vermeiden, sich zuviel mit den eigenen Gefühlen und Gedanken zu beschäftigen, besser ist es in jedem Fall, den künstlerischen Ausdruck zu üben.

Ein doppelter Liebesgürtel verstärkt die erwähnten Eigenschaften ins Geniale, allerdings verdoppelt sich auch die psychische Reizbarkeit bei Störungen der Linie. Der dreifache Gürtel schließlich ist außerordentlich selten. In diesem Fall können wir wirklich von einem Genie sprechen, auf welchem Gebiet auch immer, und die charismatische Ausstrahlung ist sprichwörtlich. Marianne Lenormand, die berühmte französische Wahrsagerin, berichtet von einem dreifachen, klar ausgeprägten Liebesgürtel bei Napoleon.

Ein dreifacher zerrissener Gürtel allerdings dürfte dem Handeigner viele seelische Qualen einbringen, weil ihm die psychische Kraft fehlt, seine außergewöhnlichen Talente zum Ausdruck zu bringen. Auch hier läßt sich natürlich vielerlei tun, um die Psyche zu stärken! Bedenken wir immer, daß die Linien der Hand sich verändern, und zwar in dem Maße, wie wir an uns arbeiten. Doppelte und dreifache Liebesgürtel kommen aber äußerst selten vor.

Der Ring des Salomon

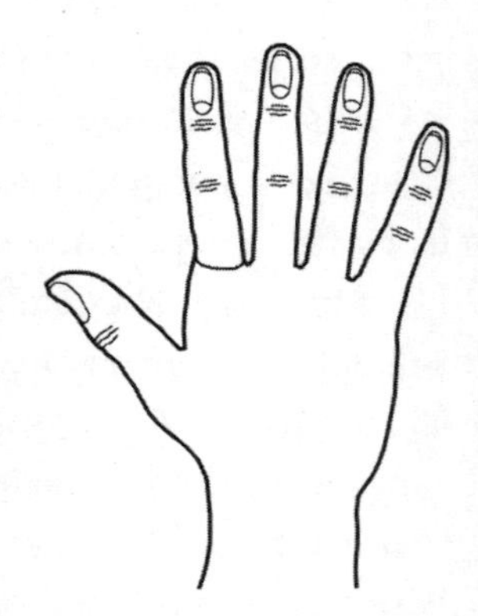

Der Ring des Salomon umschließt von außen den Zeigefinger. Auch dies ist ein sehr seltenes Merkmal, insbesondere, weil es sich an der Außenhand befindet, allerdings meistens zart gezeichnet. Außerdem muß durch Beugung und Streckung des Zeigefingers überprüft werden, ob es sich nicht um die normale Beugefalte handelt: Der Salomonring bleibt immer klar zu erkennen.

Der salomonische Ring ist ein Zeichen von Weisheit, wie sie aufgrund außergewöhnlicher geistiger Reife entsteht. Außerdem verfügen Menschen mit diesem Ring über spirituelle Fähigkeiten und Schutz vor negativen magischen Kräften, was den Schluß nahelegt, daß dieser Ring nur nach mehreren Erdenleben geistigen Strebens erscheinen kann. Menschen mit Salomonring stehen über vielen menschlichen Bedürfnissen, ohne je das Verständnis für andere zu verlieren.

Die Tatsache, daß diese Linie an der Außenhand zu finden ist, weist darauf hin, daß diese Gaben helfend in den Dienst der Menschheit gestellt werden, obwohl der Salomonring meistens in der linken Hand eingezeichnet ist. Ein besonderes Merkmal dieser tiefen Weisheit ist Heiterkeit und Humor!

Der Zeigefingerring

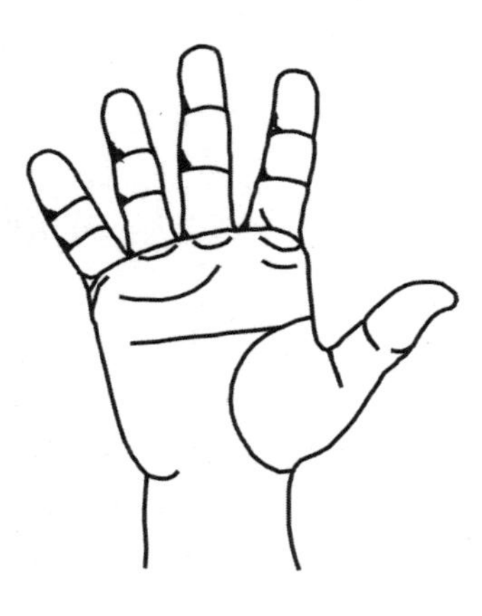

Der Zeigefingerring (Abb. rechts) umschließt in der Innenhand den Zeigefinger und ist gewissermaßen der kleine Bruder des Salomonrings. Er muß nicht geschlossen sein, und er findet sich auch noch in weiterem Abstand auf dem Zeigefingerberg. Zuweilen handelt es sich um zwei Ringe, was die günstigen Eigenschaften verstärkt. Menschen mit diesem Ring haben Lebenserfahrung und Klugheit erworben, sie sind bereit, sozial zu handeln, ohne daß sie dabei ihren Vorteil aus den Augen verlieren. Personen mit Zeigefingerring sind gute Unternehmer, weil sie mit Weitsicht und auch im Interesse der Angestellten und Kunden handeln.

Der Mittelfingerring

Dieser Ring (Abb. oben) umschließt den Mittelfinger und weist auf eine ernste, verantwortungsbewußte und gründliche Person hin. Menschen mit diesem Ring analysieren soziale Mißstände sehr genau, sind aber vom negativen Denken geprägt. Oft widmen sie der Verbesserung der Welt ihr Leben, aber sie glauben nicht so recht daran, daß etwas besser werden könnte. Gar nicht so selten erscheint dieser Ring doppelt, hier besteht noch größerer Einsatz für die Mitmenschen, und auch ein noch freudloseres Wesen.

Der Ringfingerring

Bei diesem Ring (Abb. vorige Seite) handelt es sich häufig nur um einen Halbkreis oder eine leicht gebogene Linie. Sie muß aber deutlich gewölbt sein! Dieser Ring findet sich bei Personen, die das Schöne im Leben genießen können. Auch die Fähigkeit, glückliche Umstände wahrzunehmen und zu nutzen, ist bei diesem Ring ausgeprägt, deshalb wird er auch zu den "Glückszeichen" der Hand gezählt.

Die Erfolgs- und Gesundheitslinie

Fast alle Linien haben, wie zu Beginn erwähnt, eine zusätzliche gesundheitliche Bedeutung. Es gibt zwei Linien, bei denen diese beiden Deutungsmöglichkeiten besonders verknüpft sind, eine davon ist die Erfolgs- oder Gesundheitslinie. Ohne Zweifel liegen Erfolg und Gesundheit ebenso nahe beieinander, denn nur wer sich körperlich wohlfühlt, kann etwas leisten!

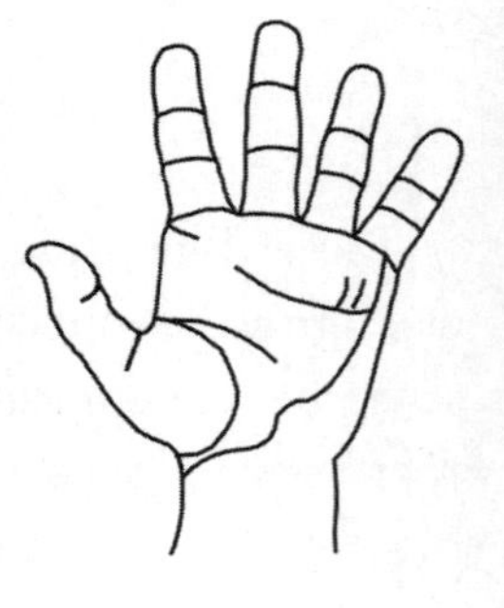

Diese Linie erfordert also eine detaillierte Deutung. Sie heißt auch Gesundheitslinie, weil sie alle am Stoffwechsel beteiligten Organe widerspiegelt (also Mund, Magen, Dünndarm, Dickdarm, Gallenblase, Leber, Bauspeicheldrüse, und bis zu einem gewissen Grad sogar die Nieren). Als Gesundheitslinie beginnt sie unter dem kleinen Finger und endet im Daumenberg. Ist sie lang und ausgeprägt (Abb. linke Seite), weist sie auf eine Überfunktion eines der genannten Organe, ist sie zerrissen (Abb. oben, 2. v.o., 3. v.o.), auf eine Stoffwechselkrankheit. Fehlt die Gesundheitslinie, so ist das ein Zeichen von ausgewogenem Stoffwechsel!

Als Erfolgs- oder Geldlinie wird eine kurze, deutlich ausgeprägte, senkrechte Linie auf dem Kleinfingerberg (Abb. vorige Seite & unten rechts) bezeichnet. Sie zeugt von kaufmännischem Geschick oder auch allgemein von der Fähigkeit, gut mit Geld umgehen zu können. Die Erfolgslinie reicht höchstens bis auf die Herzlinie.

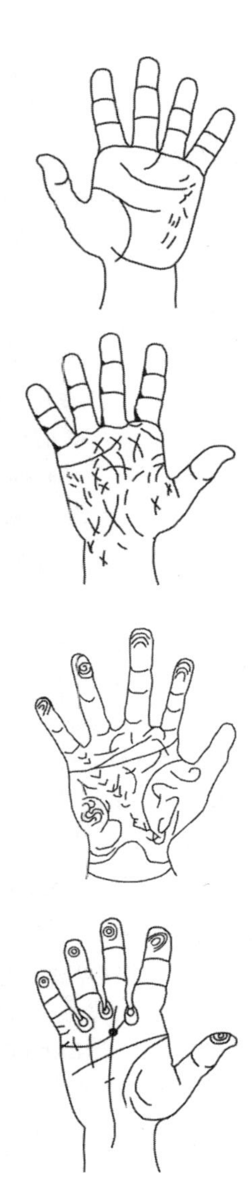

Die Glückslinie

Die Glückslinie wird auch Kunstlinie genannt, und in diesem Sinn gedeutet. Sie verrät etwas über die positive Lebenseinstellung des Menschen, und dem sich daraus ergebenden Glück. Von daher sagt die Glückslinie auch etwas aus über Eheglück und Geldzufluß. Dabei wird es sich um Erbschaften oder Gewinne handeln, oder auch um Geld durch Eheschließung, also nicht um erarbeitetes Geld. Mit einer Ausnahme: Bei der langen Glückslinie wird die Kunstausübung auch materielle Sicherheit bringen.

Fehlt die Glückslinie, so zeichnet sich eine gewisse Gefühlsarmut ab, es fehlt die Begabung, das Leben zu verschönen. Wie ausgeprägt diese Veranlagung ist, hängt dann von der übrigen Hand ab, hier also von der Herzlinie, der Art des Ringfingers und der Ausprägung und den Zeichen auf dem Ringfingerberg. Da kann es durchaus einen Ausgleich geben.

Die Glückslinie endet auf dem Ringfingerberg, der Beginn verrät viel über die Art des Glückes oder der Begabung. Eine lange Glücks- oder Kunstlinie beginnt am Handgelenk (Abb. rechts) und endet im Wurzelglied des Ringfingers. In diesem Fall liegt eine angeborene, außergewöhnliche Begabung vor, und die Lage der Linie weist auf eine frühzeitige, lebenslange Ausübung der entsprechenden Kunst sowie den äußeren Erfolg dadurch hin. Johann Wolfgang

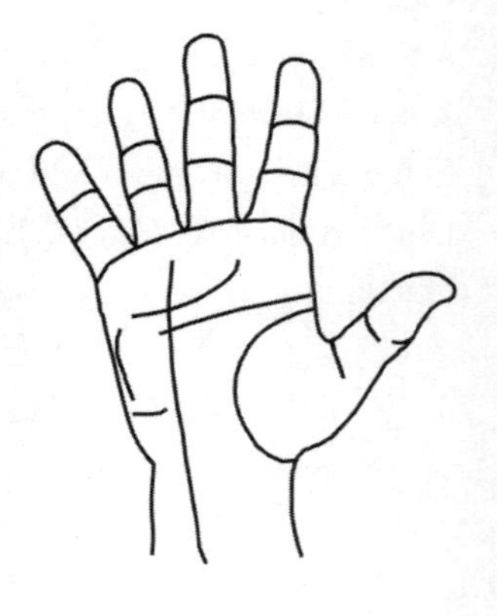

von Goethe hat, der Überlieferung zufolge, eine solche Glückslinie gehabt.

Ist die Glückslinie zeitweise oder völlig doppelt in ihrem Verlauf (Abb. rechts), so ist der Handeigner auch in der Ausübung der Kunst fleißig und diszipliniert. Allerdings würde auch eine gut ausgeprägte Schicksalslinie darüber etwas aussagen. Beginnt die Glückslinie im Daumenberg oder auf der Lebenslinie, sind Begabung und Glück auf Gesundheit gegründet, bzw. es ist auch die körperliche Voraussetzung für die Kunstausübung da. Dies kann sich bei Musikern z. B. im guten Gehör oder den Fingern, bei Tänzern um bestimmte Muskelgruppen oder Beinformen handeln. Meist findet sich auch körperliche Schönheit oder gutes Aussehen, was ja für manche Kunstformen, wie etwa die Schauspielerei, erforderlich ist.

Liegt der Anfang der Glückslinie auf der Schicksalslinie, so ist die Ausübung der Kunst eine karmische Verpflichtung, und eine gute Portion glückliche Umstände gehören ebenfalls zu den schicksalhaften Begebenheiten. Ein Beginn im Handkantenberg dagegen zeugt von gutem Kunstempfinden, aber selten wird es zu einer praktischen Ausübung der Kunst kommen. Kunst muß hier sehr weit verstanden werden, jede Tätigkeit, die zur Verschönerung des Daseins beiträgt, ist damit gemeint, aber auch jede außergewöhnliche Begabung für die ausgeübte Arbeit. Denn auch bei Napoleon fand sich eine lange Glückslinie, und er übte die Kriegskunst aus!

Die häufigste Ausprägung der Glückslinie ist der Beginn auf der Herzlinie. Meist liegen dann zwei oder drei kurze, kräftig ausgeprägte Linien beieinander (Abb. vorige Seite), was die positive Bedeutung verstärkt. Hier haben wir einen gut veranlagten Menschen vor uns, der in der Lage ist, sein alltägliches Leben schön zu gestalten, positive Beziehungen im persönlichen Bereich aufrecht erhält und über einen gesunden Optimismus verfügt. Günstig ist eine möglichst dreifache Gabelung, wie bei der Herzlinie auch. Hier kommen Talent, Fleiß und materieller Erfolg zusammen.

Eine zerrissene Linie dagegen ist schlechter zu bewerten als eine fehlende, denn hier ist zwar Begabung oder Talent, jedoch ohne Disziplin für die Ausübung da, oder eine überdrehte Fröhlichkeit, was im Leben des Handeigners nur Verwirrung stiftet.

Die Intuitionslinie

Sie wird oft mit der Gesundheitslinie verwechselt, ist aber bei genauer Betrachtung leicht zu unterscheiden. Die Intuitionslinie beginnt etwas tiefer als die Gesundheitslinie oder die Erfolgslinien auf dem Kleinfingerberg und beschreibt einen Bogen zur Handkante hin. Wie die Abbildung (vorige Seite) zeigt, kann es sich auch lediglich um Teile dieses Bogens handeln. Die Intuitionslinie entsteht bei Menschen, die ihre spirituellen Fähigkeiten durch geistige Übungen entwickeln. Die Papillarmuster auf dem Handkantenberg zeigen dagegen angeborene Fähigkeiten! Deshalb wird die Intuitionslinie auch Hellseherlinie genannt.

Die Geistlinie

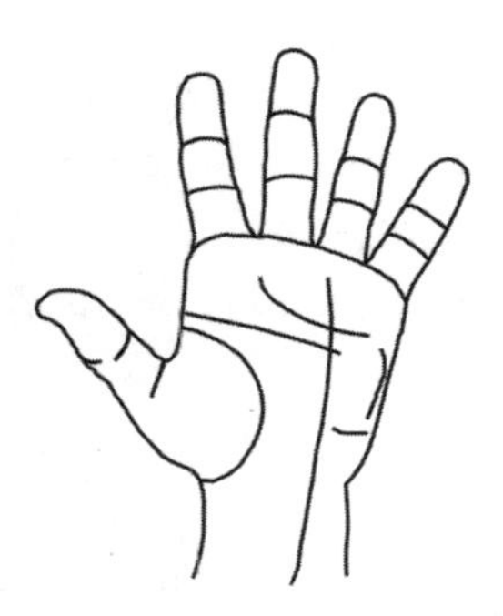

Diese Linie findet sich sehr selten. Es ist eine meist zarte, an der Handkante der linken Hand wie hingehauchte Linie. Sie entsteht sozusagen als Frucht lebenslangen geistig-moralischen Strebens. Menschen mit Geistlinie sind weise, gütig und spirituell mächtig. Oft erscheint die Linie erst im Alter. Überhaupt nimmt bei Menschen mit Geistlinie im Alter Weisheit und Segenskraft zu, so daß sie, je älter sie werden, um so würdevoller wirken. Entdecken Sie die Geistlinie bei einem jüngeren Menschen, so handelt es sich ohne Zweifel um eine außergewöhnliche Persönlichkeit im geschilderten Sinn, ebenso wenn beide Hände eine Geistlinie aufweisen.

Die Medial- oder Giftlinie

Diese Linie wird in ihrer Deutung, wie die Gesundheits- oder Erfolgslinie, an der Länge unterschieden. Auch hier tritt die Nähe der beiden Deutungsmöglichkeiten klar zu Tage: Rauschmittel und Medikamente können ebenfalls mediale Erlebnisse hervorrufen, allerdings krankhafter Art.

Die Mediallinie beginnt auf dem äußeren Handkantenberg und endet im zweiten Drittel des unteren Handkantenberges (Abb. oben). Dies ist die maximale Länge, die Linie ist eher kürzer! Sie zeugt von medialen Fähigkeiten, also der Begabung, in die Zukunft oder Vergangenheit zu schauen, oder mit Geistern oder Verstorbenen in Verbindung zu treten. Es hängt von der gesamten Hand ab, wie ein Mensch diese Fähigkeiten einsetzt bzw. wie klar diese verfügbar sind. Eine Insel auf der Mediallinie ist ausnahmsweise ein gutes Zeichen, es verstärkt und sammelt die mediale Veranlagung.

Die Gift- oder Suchtlinie (beide Abb. rechts) beginnt ebenfalls auf dem unteren Handkantenberg und reicht bis zur Lebenslinie oder sogar auf den Daumenberg hinein, aber auch wenn die Linie die Handmitte erreicht, handelt es sich bereits um eine Giftlinie. Die Giftlinie entsteht bei Menschen, die regelmäßig Alkohol, Drogen oder Medikamente konsumieren. Handelt es sich um die vorübergehende Einnahme von hochdosierten Medikamenten, so bildet sich die Giftlinie wieder zurück. Aber immer dann, wenn der Organismus von einem Stoff abhängig ist, entsteht eine Giftlinie, unabhängig davon, ob es sich um Alkohol oder ein homöopathisches Mittel handelt. Die Giftlinie ist nie ein günstiges Zeichen, auch wenn die Beschreibung zeigt, daß nicht undifferenziert von Sucht gesprochen werden darf, wenn diese Linie entdeckt wird.

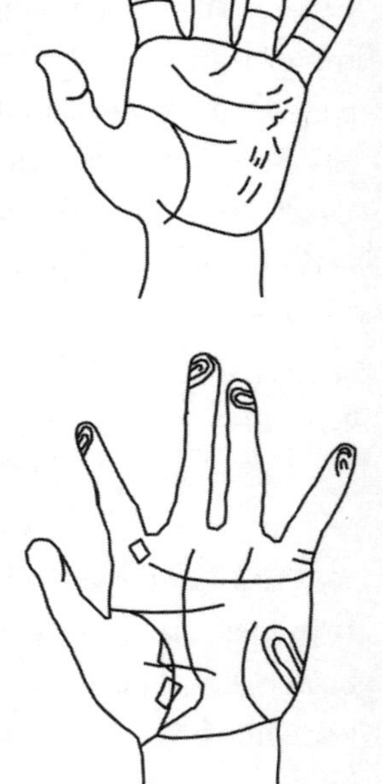

Kleine Linien oder Zeichen

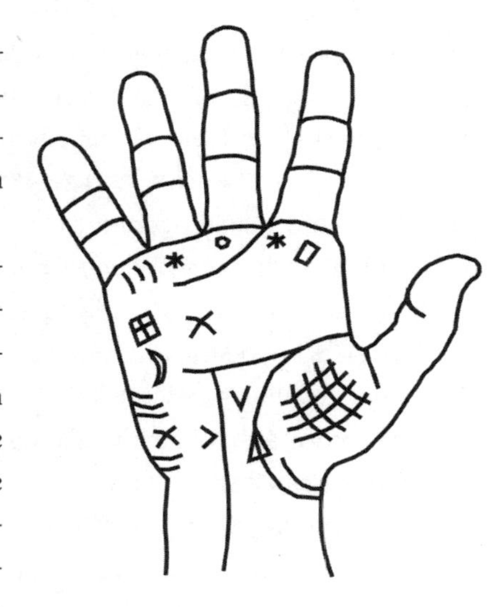

Auf der Abbildung rechts sehen Sie die üblichen kleinen Linien oder Zeichen und deren Bedeutung. Allerdings gibt es davon eine Vielzahl von Ausnahmen!

Mehrere senkrechte Linien nebeneinander auf dem Kleinfingerberg werden als Ärztemal bezeichnet. Sie unterscheiden sich von der Erfolgslinie durch eine zartere Ausprägung, der Kürze und der Tatsache, daß es sich zumindest um drei dieser kleinen Linien handeln muß, um vom Ärztemal zu sprechen. Aber sie finden sich selbstverständlich auch bei Pflegepersonal, Heilpraktikern und manchmal auch Apothekern. Sie sind Ausdruck einer Berufung zum Heilen, so daß es auch möglich ist, daß diese kleinen Linien bei Menschen fehlen, die einen Beruf in der Gesundheitsbranche nur als Broterwerb gewählt haben.

Kleine waagrechte Linien auf der äußersten Seite des Handkantenbergs werden als Reiselinien bezeichnet. Den gewandelten Lebensumständen entsprechend gibt es diese früher sehr seltenen Linien in fast jeder Hand. Allerdings rate ich davon ab, die einzelnen kleinen Linien zu zählen, um die Anzahl der Reisen zu bestimmen, eine Vielzahl dieser kleinen Linien bedeutet einfach, daß Sie viel unterwegs sein werden!

Einfache Kreuze werden als Energieblockade gewertet. Meist stellen sie eine zu lösende Aufgabe dar, und wurden dadurch als ungünstig bewertet. Sie sind aber keineswegs ein Problemzeichen! In der tiefsten Stelle des Handtals, also im Bereich der Schicksalslinie, zwischen Herz- und Kopflinie, weist ein Kreuz allerdings auf übersinnliche Wahrnehmungen, mehrere kleine Kreuze verstärken die Aussage. Auch auf dem Ring- und Zeigefingerberg gelten diese kleinen Kreuze als positive Verstärkung der vorhandenen Energie.

Sterne schließlich binden die Energie der Linie oder des Berges, an dem sie sich befinden, und gelten daher als äußerst ungünstig, allerdings mit zwei wesentlichen Ausnahmen! Auf dem Zeigefingerberg weist ein Stern auf außerordentliches Glück in Geldangelegenheiten. Befindet sich ein Stern auf dem Ringfingerberg, weist er auf glückliche Umstände, die dem Leben immer wieder eine gute Wendung geben.

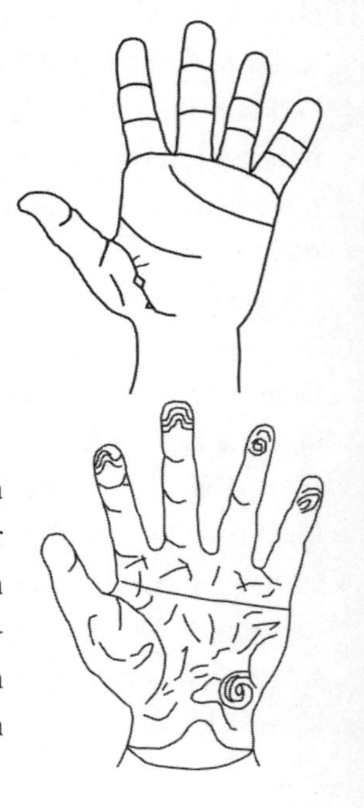

Kleine, nach oben gerichtete Winkel verweisen auf eine Kraftvermehrung, nach unten gehende auf ein Energietief. Dreiecke und Quadrate haben die gleiche Bedeutung, allerdings gelten Quadrate als kraftvoller. Diese beiden Formen finden sich oft an Bruchstellen von großen Linien, meist der Lebens- oder Schicksalslinie (beide Abb. rechts), und heben damit die Schwierigkeiten auf. Sie deuten daher auf die Fähigkeit, eine schwierige Situation erfolgreich zu meistern. Ansonsten verstärken

Dreiecke oder Quadrate die Bedeutung der Stelle, an der sie sich befinden. Ein nochmals viergeteiltes Quadrat weist auf geordnete, strukturierte Energie hin.

Ein Gitter (Abb. rechts) ist immer ungünstig: Es ist zwar viel Kraft vorhanden, aber sie wird gehemmt oder gestaut. Kreise bilden eine positive Verstärkung, Halbkreise ebenfalls, aber in abgeschwächter Form.

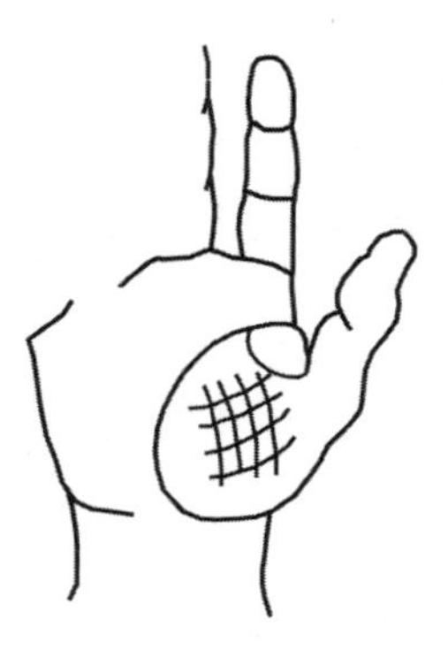

Besondere Ausformung oder Störungen der Linien

In der nachfolgenden Tabelle können Sie die besonderen Ausformungen oder Störungen (Auflistung unten) der großen Linien noch einmal im Überblick sehen. Lesen Sie auch jeweils bei den einzelnen Beschreibungen nach, ob es eine besondere Deutung gibt!

Gabel	Doppellinie
Kleine Äste, aufsteigen	-absteigen
Schnittlinie	Bruch
Punktierte Linie	Ährenförmige Verzweigung
Kettenlinie	Wellenlinie

Gabel:	Entwicklung neuer Möglichkeiten
Doppellinien:	Schutz, vermehrte Kraft, Hilfe
Kleine Äste	- aufsteigend: Streben, Verbesserungen - absteigend: sich gehen lassen
Schnittlinie:	Unterbrechung, Hemmung, Behinderung
Bruch:	Plötzliche, fast radikale Veränderung, oft gezwungenermaßen
Punktierte Linie:	Sprunghafte, unharmonische Entwicklung
Ährenförmige Verzweigung:	Abschwächung, Zersplitterung der Kraft
Kettenlinie:	komplizierte Entwicklung, häufige Prüfungen
Wellenlinie:	mühevolle Entwicklung, Suchen des richtigen Wegs, Ablenkungen

Symbole

Symbole nennt man Buchstaben, geometrische Figuren, planetarische Zeichen oder jedwede andere Form, die einen bekannten spirituellen, geistigen oder religiösen Charakter hat. Solche seltenen Formen lassen sich nur individuell und im Zusammenhang mit der gesamten Hand richtig bewerten. Auch läßt sich hier keine einfache Deutung angeben. Während bei den Tierkreiszeichen und ihren Symbolen noch verhältnismäßig einfach der Sinn zu entdecken ist, kann es Ihnen ja sogar geschehen, daß eine in der Hand eingezeichnete Figur aus einem fremden Kulturkreis stammt, so daß Sie den möglichen Sinngehalt erst erforschen müssen. Schon dies kann ein bedeutender Schritt auf dem Weg zur Deutung des Symboles sein!

Individuelle Linien oder Zeichen

Manchmal findet sich nun eine Linie, welche keiner der genannten Möglichkeiten entspricht. Allerdings sollten Sie zunächst genau überprüfen, ob dies auch wirklich der Fall ist, indem Sie jedes Kapitel noch einmal durchgehen. Eine übermäßig lang oder kurz ausgeformte Linie, ein unüblicher Beginn oder ein ungewöhnliches Ende können, gerade für Anfänger in der Handlesekunst, Verwirrung stiften. Und diese Situation ist häufiger, als individuelle Linien!

Läßt sich auch nach genauer Überprüfung die Linie nirgends zuordnen, dann gehen Sie wie folgt vor, um diese Linie zu deuten:

Als erstes wird die Lage im Handteller bestimmt. In unserem Beispiel handelt es sich um eine Linie, die aus dem Daumenberg zur Kopflinie aufsteigt. Beginn und Ende können bei individuellen Linien nur intuitiv bestimmt werden. Der Schwung der Linie gibt über die Richtung am ehesten Aufschluß! Wenn Sie alle bisherigen Kapitel sorgfältig bearbeitet und immer entsprechend in vielen Händen die jeweilige Linie untersucht haben, dann dürfen Sie nun Ihrem Gespür vertrauen!

Als nächstes prüfen Sie die Beschaffenheit der Linie. Ist sie klar, deutlich, gut ausgeprägt? Dann wird man die Linie insgesamt positiv bewerten können, als eine individuelle Begabung oder Möglichkeit. Wenn viele Störzeichen die Linie unterbrechen, wird sie eher ein zusätzliches Problem darstellen.

Findet sich die Linie in der Rechten oder in der Linken? Daraus läßt sich ersehen, ob es sich um eine innere Entwicklung bzw. eine karmische Aufgabe handelt, und ob die Möglichkeit der Linie auch äußerlich sichtbar wird. Wenn die zusätzliche Linie in beide Hände eingezeichnet ist, so muß geprüft werden, ob der Verlauf in beiden Händen gleich gut ist.

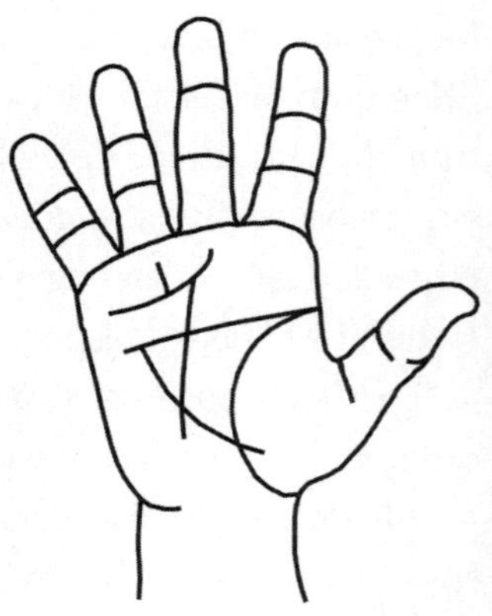

Auf der Abbildung rechts sehen Sie also eine Linie, die vom Daumenberg zur Kopflinie aufsteigt. Sie ist gut ausgeprägt und in beiden Händen etwa gleich ausgebildet. Der Daumenberg stellt die körperliche Kraft und den Trieb dar, die Kopflinie die Gedankenwelt. Das bedeutet, daß hier zwischen diesen beiden Bereichen eine neue Verbindung hergestellt wird. Da die Linie gut gezeichnet ist, handelt es sich um eine zusätzliche Begabung oder Möglichkeit. Diese ist gleich stark in der Innen- wie Außenwelt es Handeigners, was bedeutet, daß er diese Begabung auch tatsächlich fruchtbar einsetzen kann.

Bei einer vereinzelten Betrachtung wie dieser fehlt natürlich das Gesamtbild, welches immer darüber entscheidet, wie und ob ein

Mensch seine Anlagen nutzen kann. Die umfassende Betrachtung üben wir bei den Handanalysen am Ende des Buches, hier aber haben Sie einen wesentlichen Baustein zur individuellen Handlesekunst erworben!

Bei dem Handeigner handelt es sich bei unserem Beispiel um eine Person, welche neue Formen des sportlichen Trainings erdacht und erprobt hat (linke Hand), und diese Methoden auch erfolgreich vermarktet (rechte Hand).

Kinderhände

Nach der traditionellen Chiromantie wurde ein Kind mit der Lebenslinie und höchstens noch mit der Herzlinie geboren. Etwa um die Schulreife herum wurde früher die Entstehung der Kopflinie beobachtet, und die meisten anderen Handlinien bildeten sich nach dem vierzehnten Jahr. Insbesondere von der Schicksalslinie hieß es sogar, daß sie frühestens um die Geschlechtsreife herum erscheine, aber auch eine Markierung nach dem einundzwanzigsten Jahr herum galt noch als normal.

Das zwanzigste Jahrhundert muß als Wendepunkt in der Geschichte der Menschheit betrachtet werden, denn all diese Regeln werden eher zu Ausnahmen, die bei Kindern auftreten, die an einem Entwicklungsrückstand leiden. In der spirituellen Tradition wurde das Ende des Kali Yuga, des finsteren Zeitalters, etwa auf 1860 datiert, und es ist durchaus glaubhaft, daß sich eine solche Entwicklung erst mehr als hundert Jahre danach, also gegen 1950, wirklich an den Kinderhänden ablesen läßt. Mit dem finsteren Zeitalter war die – in der menschlichen Evolution notwendige – Ausbildung des naturwissenschaftlichen Materialismus' gemeint, dem nun die gesamtmenschliche Rückkehr zur geistigen Betrachtung des Lebens folgen kann, allerdings mit den zusätzlich durch die Naturwissenschaft ausgebildeten Fähigkeiten.

Allgemein festgestellt, bilden sich fast alle Linien bei den Kindern heutzutage wesentlich früher, als es noch die chiromantischen Bücher des ausgehenden neunzehnten und frühen zwanzigsten Jahrhunderts angeben. Des weiteren treten sogenannte seltene Zeichen immer häufiger auf, und individuelle Linien nehmen zu, ebenso eine immer größere Wandlungsfähigkeit der Handzeichen. Parallel dazu müssen immer mehr Merkmale der Hand zu den veränderlichen gezählt werden, auch dies hat sich im letzten Jahrhundert auffällig verändert.

Es wäre sicher falsch, zu glauben, dies verschaffe dem Menschen eine unbeschwertere Kindheit. Denn die Hand ist ja nur ein Spiegel der menschlichen Natur, und aus den nachfolgend geschilderten Einzelheiten werden Sie klar ersehen können, daß es sich um einen früheren Beginn dessen handelt, was man als Eigenverantwortung bezeichnet, also wird die Kindheit eher kürzer. Es ist eine seelische Entwicklung, keine von außen kommende Verantwortung, wie sie z.B. durch erzwungene Kinderarbeit entsteht! Es wäre daher segensreich, wenn es den Eltern und Erziehern gelänge, in den ersten Kindheitsjahren einen wirklichen Schutzraum zu schaffen, damit die Kinder, deren Schicksalsaufgabe die Gestaltung des dritten Jahrtausends ist, auch wirklich mit Kraft ins Leben starten können. Lesen Sie zu den nun erwähnten Linien noch einmal die entsprechenden Beschreibungen, wenn Sie sich an die Bedeutung nicht mehr genau erinnern!

Geboren werden die heutigen Kinder in den allermeisten Fällen bereits mit den drei Hauptlinien: Lebenslinie, Herzlinie, Kopflinie. In den ersten Lebenstagen entsteht, bedingt durch die Ausbildung der Verdauungsorgane, bei allen Säuglingen eine ausgeprägte Gesundheitslinie, die sich spätestens um das siebte Jahr wieder zurückbildet (Abb. rechts). Eine Gesundheitslinie im Kleinkindalter ist also normal und nicht als Krankheitszeichen der Stoffwechselorgane zu bewerten!

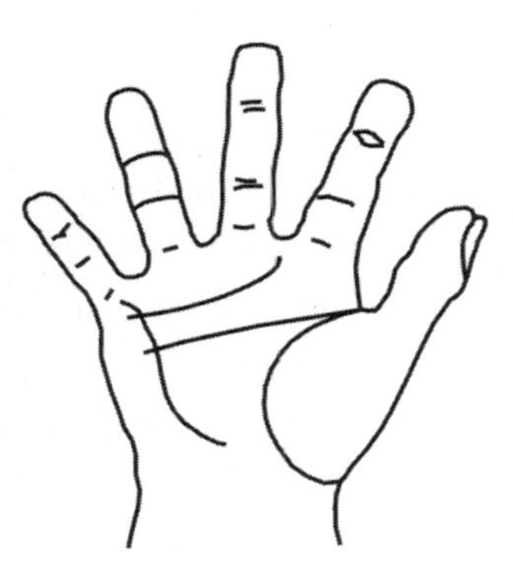

Es wäre gut, wenn die Mutter in den ersten Monaten die Lebenslinie ihres Babys einmal genau betrachten würde. Ist die Lebenslinie am Beginn gestört, etwa verkettet oder ährenförmig (Abb. oben), dann sollte besonders viel Wert auf gesunde Nahrung und ganz allgemein auf gesunde Wachstumsbedingungen gelegt werden. Auf diese Weise kann der kindliche Organismus gestärkt werden, ohne daß es zu Krankheiten kommen muß.

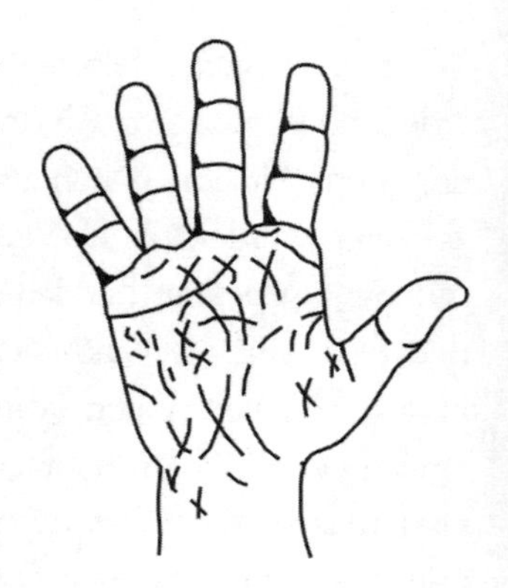

Viele kleine Störlinien auf dem Handteller weisen auf eine Neigung zu allergischen Reaktionen (Abb. oben & unten). Dies ist heutzutage ziemlich verbreitet. Entdecken Sie eine solche Neigung bei Ihrem Kind, so wäre es gut, den Säugling lange zu stillen, denn meist steht am Beginn der allergischen Entwicklung eine Unverträglichkeit von Milcheiweiß. Auf keinen Fall sollte das Kind nun ängstlich von jedem Reiz ferngehalten werden, dies verstärkt eher die Überempfindlichkeit. Am besten suchen Sie sich einen ganzheitlich arbeitende/n Kinderarzt/-ärztin und lassen sich beraten. Leider sind solche Kinderärzte selten, aber vielleicht verhilft die konsequente Nachfrage zu einer Erweiterung der Ausbildung!

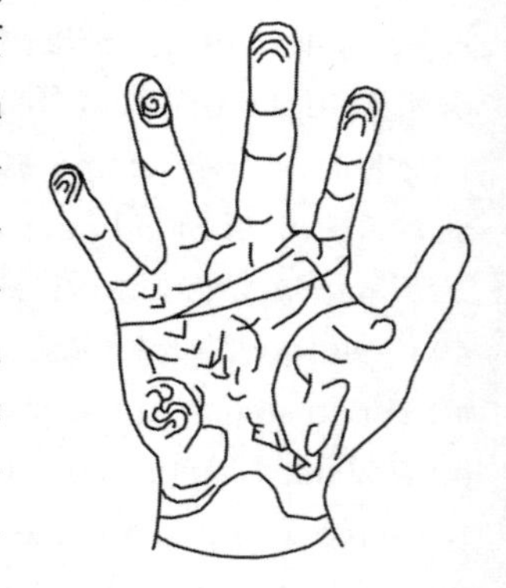

Beobachten Sie den Schwung der Herzlinie, und ob *im Laufe der ersten Jahre* Veränderungen auftreten. Eigentlich braucht jedes Kind für seine Entwicklung beständige Zuwendung, aber wenn die Herzlinie des Kindes kurz ist (Abb. unten links) oder der Raum zwischen Herz- und Kopflinie besonders eng erscheint (Abb. unten Mitte), dann ziehen die Kinder ganz besonders großen Nutzen aus einer schönen und liebevollen Stimmung im Elternhaus. Dies gilt auch für einen zerrissenen Liebesgürtel (Abb. unten rechts), der allerdings meist erst in den frühen Jahren der Pubertät entsteht. Liebe und Geduld sind wirklich DAS Allheilmittel der Kindheit!

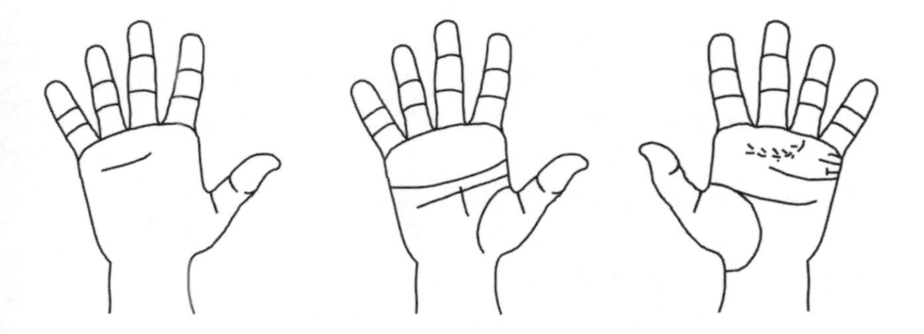

Findet sich in einer oder in beiden Händen eine Sperrlinie (Abb. nächste Seite oben), so hilft es einem solchen Kind, wenn die Eltern großen Wert auf künstlerischen Unterricht legen. Bietet die Schule diesen nicht in ausreichendem Maß an, so zögern Sie nicht, dem Kind in der Freizeit solche Möglichkeiten zu verschaffen. Auf diese Weise wird die gesperrte Hand zu einer Chance für den Menschen, nicht zur Ursache möglichen Leidens.

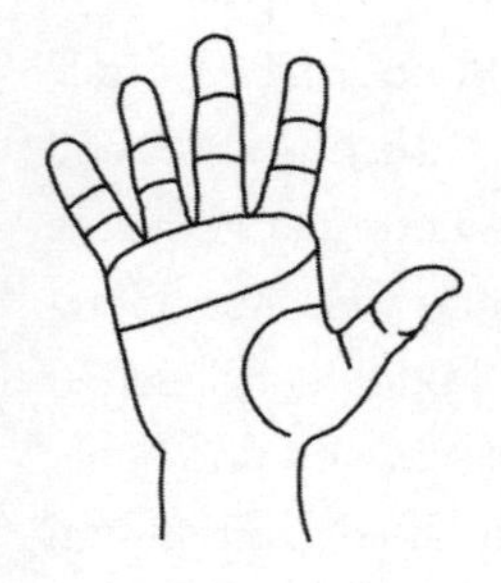
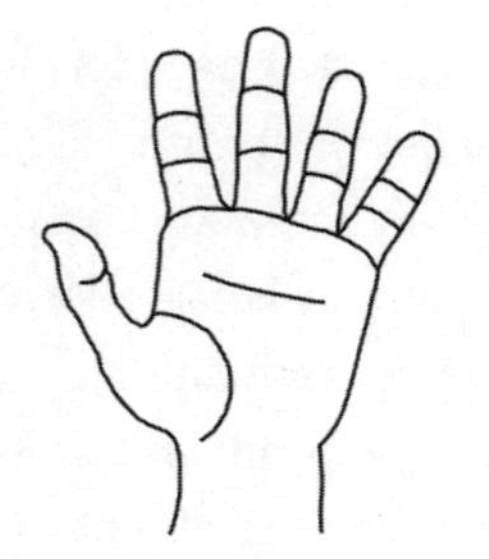
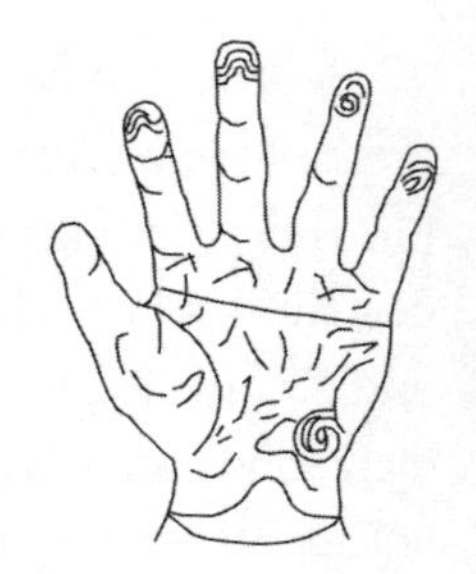

Um das *fünfte Lebensjahr* herum hat fast jedes Kind bereits eine Schicksalslinie (Abb. unten rechts), wobei sie sich allmählich immer früher herauszubilden scheint. Ich habe im Jahr 2000 Säuglinge gesehen, deren Hände bereits am ersten Lebenstag Schicksalslinien aufwiesen, und zwar meist in der linken Hand (!), manchmal aber auch in beiden Händen.

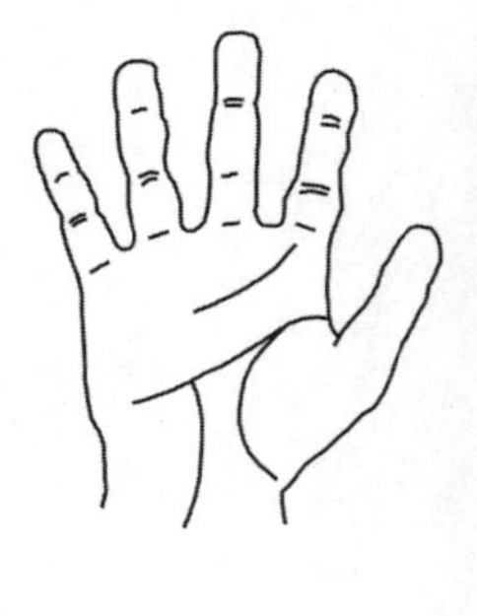

Wenn nun Eltern beobachten, daß in der Hand ihres Kindes auch nach dem zehnten Jahr keine Schicksalslinie entstanden ist (Abb. unten links), so sollten sie diesen Hinweis nicht auf die leichte Schulter nehmen. Denn ein solches Kind wird besonders viel Hilfe der Eltern brauchen, um einen Schulabschluß zu erreichen, wobei Begabung nicht das Problem sein muß. Die Schwierigkeit liegt eher in Lustlosigkeit und mangelndem Antrieb. Ist auch nach dem vierzehnten Jahr noch kein Ansatz der Schicksalslinie zu erkennen, so ist dem Jugendlichen am besten geholfen, wenn die

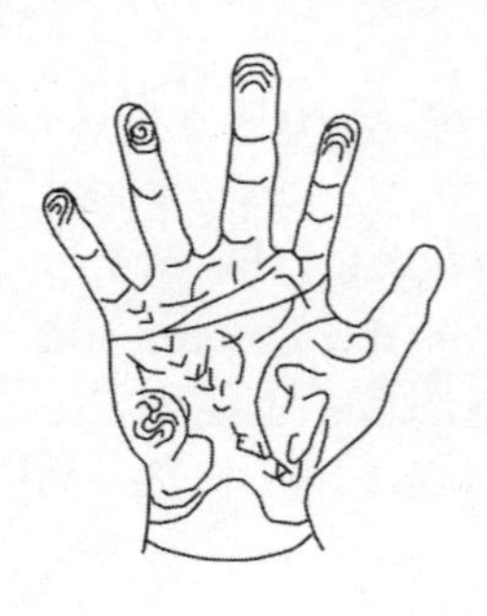

Eltern versuchen, ihrem Kind eine abgeschlossene Berufsausbildung zu ermöglichen, solange es noch im Elternhaus wohnt, denn auch wenn sich der Lebensweg eines solchen Menschen nicht geradlinig entwikkelt, hat er damit eine berufliche Basis, auf die er zurückgreifen kann.

Die normale Haltung einer Kinderhand bis etwa zum zehnten Lebensjahr zeigt abgespreizte Finger (Abb. unten links, linke Seite rechts, unten Mitte). In dieser Fingerhaltung spiegelt sich das Interesse und die Lernbereitschaft des Kindes. Wenn die Finger in diesem Alter zu eng aneinanderrücken (Abb. unten rechts), sollten Eltern oder Erzieher versuchen, durch innere und äußere Bewegung die Aufnahmefähigkeit des Kindes wieder zu normalisieren.

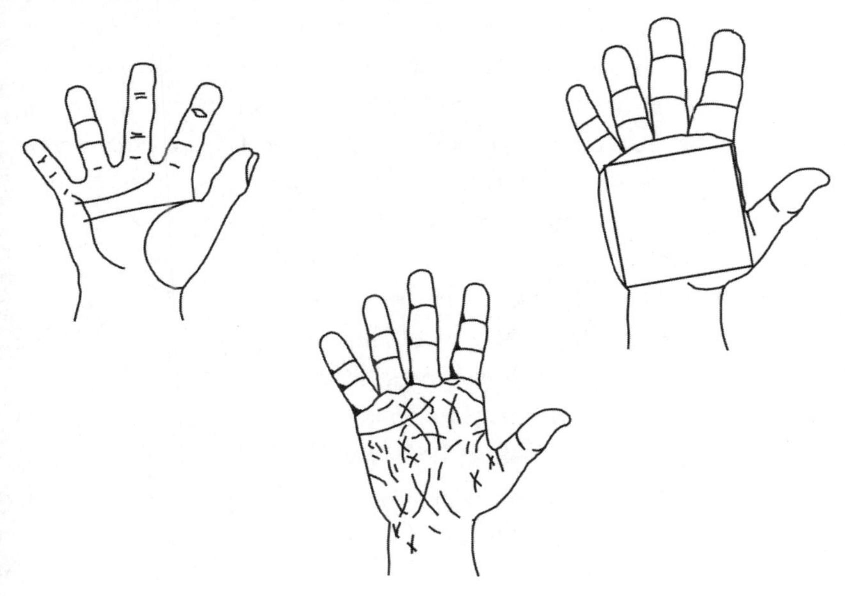

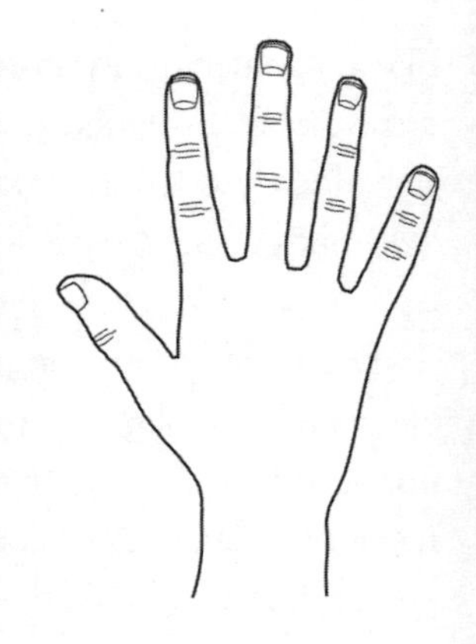

Die Hand- und Fingerform wird erst nach dem siebten Lebensjahr deutlich. Auch hier kann durch aufmerksame Beobachtung eine einseitige Entwicklung ausgeglichen werden. Ist beispielsweise der Mittelfinger zu lang (Abb. rechts oben), sollte nicht noch zusätzlich an das Pflichtbewußtsein appelliert werden – ein solches Kind braucht mehr Leichtigkeit. Ist der Zeigefinger kurz (Abb. rechts oben), muß das Selbstbewußtsein des Kindes durch Lob gestärkt werden. Und bei einem Keulendaumen (Abb. links) sollten Eltern mäßigend auf die Gefühlsausbrüche des Kindes einwirken. Kinder mit Keulendaumen brauchen regelmäßige sportliche Übungen, bei denen sie lernen, ihre Energie zu beherrschen (siehe Kapitel „Die einzelnen Finger/Der Daumen", S. 54).

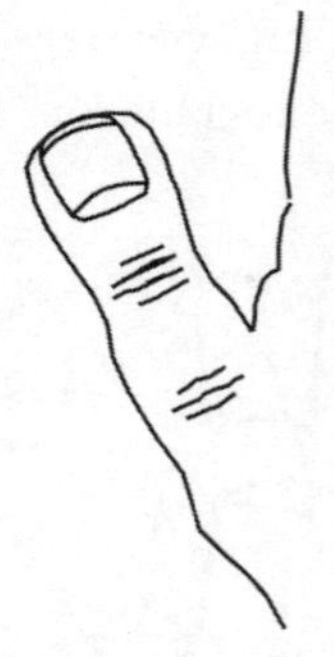

Es lohnt sich, von Zeit zu Zeit die Veränderung der Kinderhand zu betrachten. Bemerken Sie eine Veränderung der Fingerhaltung oder -länge (Abb. rechts unten) über die hier aufgezählten Fälle hinaus, lesen Sie in den entsprechenden Kapiteln nach! Dann wird es Ihnen leicht fallen, Ihr Verhalten auf die Entwicklung des Kindes abzustimmen.

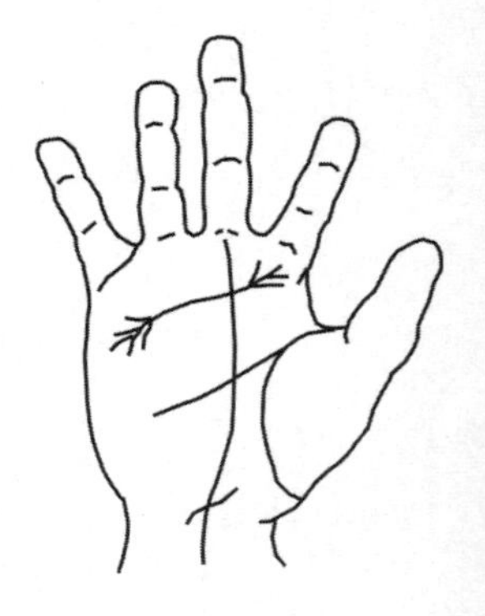

Alle Kinder bis zum siebten Jahr brauchen zur gesunden Entwicklung viel Bewegung, vorzugsweise in der Natur. Erst danach treten die charakteristischen Eigenschaften der Hand- und Fingerform auf. Auch hier können Eltern, die es verstehen, aus der Hand zu lesen, ihr Kind besser verstehen. Es ist der ganzen Familie geholfen, wenn nach einer Handanalyse, die Eltern oder Bezugspersonen nach dem Studium dieses Buches selbst vornehmen können, der Tagesablauf entsprechend der Veranlagung des Kindes gestaltet wird.

Ein Kind mit spatelförmigen Fingerkuppen (Abb. unten links, unten Mitte links) und Feuerhand (Abb. unten Mitte rechts) braucht zwischen Schule und Hausaufgaben unbedingt Bewegungsmöglichkeit im Freien, es wird aggressiv oder krank, wenn es zwei Drittel des Tages ununterbrochen sitzen muß! Ein Kind mit Wasserhand (Abb. unten rechts) und

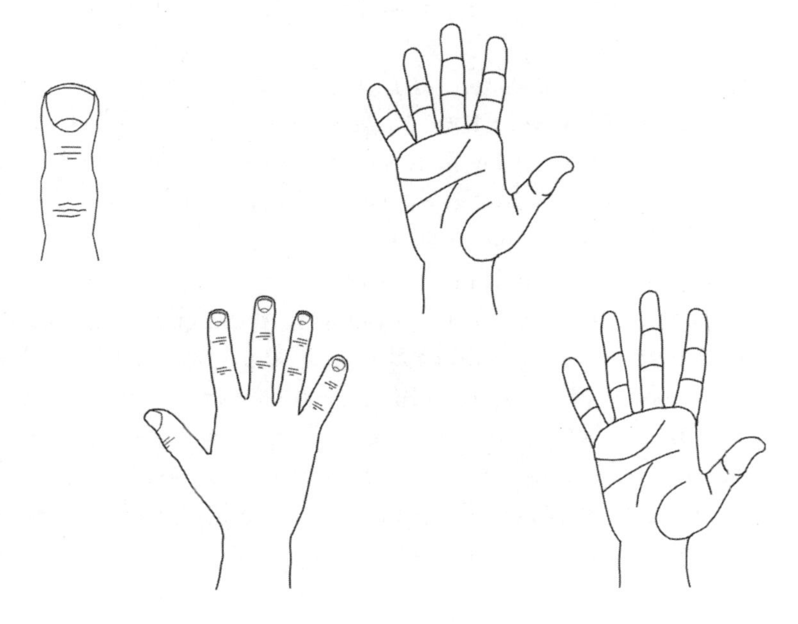

gewölbten Fingerkuppen (Abb. rechts oben) dagegen verlangt eher nach der Muße, eine Weile ungestört spielen oder lesen zu können, um sich zu regenerieren. Ein Kind mit Lufthand (Abb. rechts unten) wird immer Abwechslung suchen, und es wird nicht ruhiger, sondern nervöser, wenn ihm diese vorenthalten wird. Wichtig ist nur, Ruhe- und Arbeitsphasen klar vorzugeben. Und einem Kind mit Erdhand (Abb. vorige Seite unten rechts) sollte die Möglichkeit gelassen werden, auf seine Weise ruhig im Freien zu spielen, denn es wird viel lieber in Wald oder Feld herumtollen, als sportliche Leistungen zu erbringen.

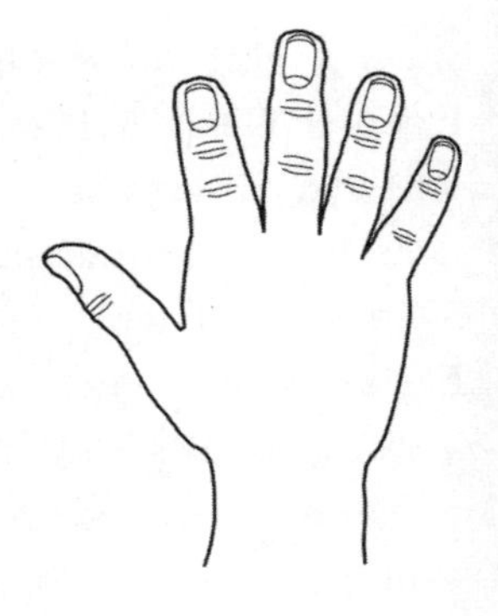

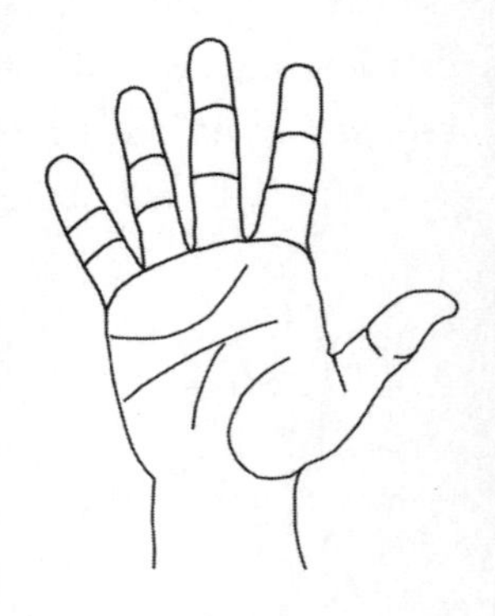

Wenn Sie beobachten, daß Hand und Fingerform widersprüchliche Neigungen offenbaren, werden Sie Ihrem Kind nicht Launenhaftigkeit vorwerfen. Ein Kind mit Wasserhand (Abb. vorige Seite unten rechts) und spatelförmigen Fingerkuppen (Abb. vorige Seite unten Mitte links) beispielsweise, wird zwischen dem Bedürfnis nach Ruhepausen und großem Bewegungsdrang schwanken, und auch hier können die Erzieher dem Kind durch Gestaltung seiner Freizeit, in der beides berücksichtigt wird, helfen. Unterschiedliche Anlagen können nicht unterdrückt werden, der Mensch muß sich ein Leben lang um Ausgleich bemühen. Es ist nicht erstaunlich, daß dies Kindern im Schulalter noch nicht allein gelingt!

Sie müssen auch nicht befürchten, daß dadurch eine einseitige Entwicklung gefördert wird. Ein Mensch, der zumindest in der Kindheit seinem Naturell gemäß aufwachsen konnte, wird später auch über längere Zeitspannen zum Verzicht oder einer Umwandlung seiner Bedürfnisse in der Lage sein. Manche Dinge ändern sich aber nie, wie bei den unveränderlichen Zeichen der Hand aufgezeigt. Wenn ein Mensch seine Veranlagung kennt, weil die Eltern ihm eine wesensgemäße Kinderzeit ermöglichten, dann wird er sein Leben auch danach einrichten können, und dadurch als Erwachsener sowohl leistungsfähiger als auch glücklicher sein!

Ein untrüglicher Gradmesser für die gute psychische Entwicklung des Kindes ist der Ansatz des kleinen Fingers (Abb. rechts). Es ist für Eltern und Erzieher eine unschätzbare Hilfe, dieses Merkmal zu kennen, denn bei Kindern, die nicht das von den Erwachsenen erhalten, was sie wirklich brauchen, bildet sich der tiefe Kleinfingeransatz. Es ist deshalb gut, sich noch einmal den gesunden Fingeransatz zu vergegenwärtigen, wie er in Abbildung 16 dargestellt wird: Ein leichter Bogen und der Ansatz des Kleinfingers sollte nicht tiefer als der des Zeigefingers liegen. Sollten Sie also als Eltern einen tieferen Ansatz bei Ihrem Kind entdecken, überlegen Sie, was Ihr Kind wirklich braucht! Meistens mehr Liebe, und die ist Kindern nur dadurch zu vermitteln, daß Sie als Erwachsener mehr Zeit für sie aufwenden! Es ist doch sehr traurig, daß fast achtzig Prozent der Vorschulkinder den tiefen Klein-

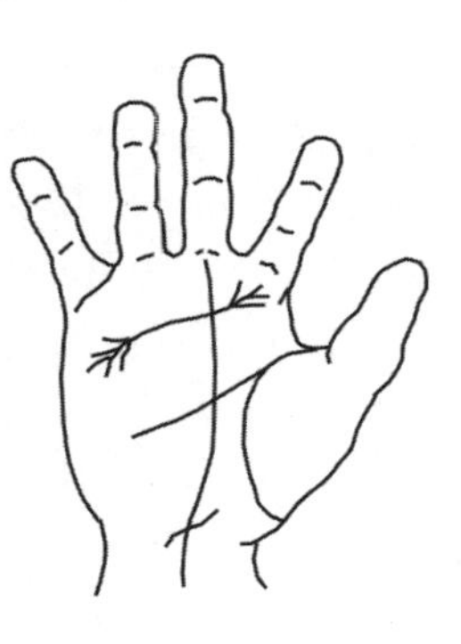

fingeransatz haben, und dies in unserer hochentwickelten Kultur! Dagegen steht das Wunder, daß, sowie die Eltern sich mehr um ihr Kind bemühen, sich der Kleinfingeransatz bei Kindern innerhalb allerkürzester Zeit normalisiert. Wofür ein Erwachsener meist therapeutische Hilfe braucht, kann ein Kind so schnell ausgleichen!

Es lohnt sich wirklich, in Krisenzeiten der Familie die Kinderhand im Blick zu behalten. Bedenken Sie aber, daß ein kleines Kind mit Vorgängen Probleme haben kann, die Ihnen als Erwachsener gar nicht schwierig erscheinen! Also nicht nur die Geburt eines Geschwisterchens oder die Wiederaufnahme beruflicher Tätigkeit der Mutter kann den Kleinfingeransatz verändern, sondern auch der Umzug in eine „schönere", dem Kind aber fremde Wohnung, oder die Umstellung auf den Kindergartenbesuch. Es geht nicht darum, Ereignisse ungeschehen zu machen, sondern dem Kind durch Zuwendung, Geduld und Liebe den Rücken zu stärken, damit es lebenstüchtig wird.

Die Handanalyse

Nun also ist es soweit: Sie haben sich alle Bausteine erworben, die für eine vollständige Handanalyse notwendig sind. Da Sie ja immer zuerst in Ihrer eigenen Hand nachgeschaut haben, kennen Sie sich selbst ein wenig besser – und damit einige der aufgeführten Linien und Zeichen. Und wahrscheinlich haben Sie auch dann und wann einen Blick in die Hände von Verwandten oder Freunden, vielleicht sogar von weitläufigeren Bekannten getan und auf diese Weise Ihre Kenntnisse erweitert. Nun geht es darum, wie man eine Hand als Ganzes studiert, so daß daraus ein umfassendes Charakterbild des betreffenden Menschen entsteht.

Die wichtigste Grundregel bleibt, wie beim Üben, daß Sie niemanden zu einer Handanalyse überreden sollen. Wenn Sie nach und nach auch immer geschickter darin werden, während eines ganz normalen Gesprächs einiges aus den Händen zu lesen, dann seien Sie so weise, zwar über das Wahrgenommene zu schweigen – aber den Erkenntnissen entsprechend zu handeln!

Wann ist eine Handanalyse hilfreich? Zunächst einmal hat jeder Mensch Nutzen davon, der sich selbst besser verstehen will. In der Regel aber wächst das Interesse an der Handlesekunst dann, wenn eine Person Probleme lösen muß. Und tatsächlich kann über das Studium der Hand erstaunlich schnell eine Strategie zur Problemlösung entwikkelt werden, weil Chiromantie eine sehr praktische Lebenshilfe ist. Das werden Ihnen die drei Beispiele am Ende dieses Buches zeigen.

Zum Handlesen gehört ein bestimmtes Vorgehen, und auch die Rahmenbedingungen sind nicht gleichgültig. Nun hängt beides davon ab, wie Sie diese Kunst betreiben wollen. Schon beim Üben wird es sich herumgesprochen haben, daß Sie etwas von der Handlesekunst verstehen, und bald schon kann es geschehen, daß man Sie in den seltsamsten Momenten darum bittet, doch schnell mal nachzuschauen, ob ein Lottogewinn in Aussicht ist, oder wann endlich der Traumpartner auftaucht. Was tun, wenn einem mit solchen Fragen auf Omas Geburtstag oder einer feuchtfröhlichen Party die Hände hingestreckt werden?

Nun dafür gibt es keine Regel. Wenn Sie gerne auf Festen im Mittelpunkt stehen, dann werden Sie eben einiges von dem, was man unter solchen Bedingungen erkennen kann, sagen. Grundsätzlich bleibt eine solche Handbetrachtung natürlich oberflächlich, und das ist auch ganz angebracht: Schließlich hören andere mit, und es empfiehlt sich daher, auch der Stimmung wegen, keine heiklen Themen anzusprechen. Sie sollten allerdings schon darauf achten, ob eine solche Aktion dem Gastgeber recht ist, und es gibt auch immer wieder Menschen, die jedwede „okkulte" Praxis auf das heftigste ablehnen.

Grundsätzlich gilt: immer dann, wenn andere Menschen anwesend sind, als Sie und die Person, der Sie aus der Hand lesen, äußern Sie sich nur zu den positiven und unverfänglichen Merkmalen. Sie lernen ja dennoch, weil Sie die ganze Hand sehen, auch das, was nicht ausgesprochen wird.

Eine gründliche Handanalyse erfordert Ruhe, Zeit und gutes Licht. Scheuen Sie sich auch nicht, dieses Buch daneben zu legen, wenn Sie sich noch nicht sicher sind. Es ist besser nachzulesen, als irgendwelche unklaren oder gar falschen Deutungen vorzunehmen! Denn mit unrichtigen Angaben schaden Sie Ihrem Ruf, und dem Mensch, dem Sie aus der Hand lesen. Sie brauchen einen Tisch- oder eine vergleichbare

Fläche, auf der Sie auch dieses Buch bereitlegen sollten, und einen nicht zu kurzen Bleistift.

Natürlich kann es vorkommen, daß auch eine zutreffende Aussage angezweifelt wird. Lassen Sie sich dann lieber nicht auf Diskussionen ein! Meist liegt es daran, daß Sie nicht taktvoll genug formuliert haben – das ist eben Übungssache. Wer hört schon gerne, er denke nicht gründlich nach oder er sei gefühlsarm? Takt ist eine der wichtigsten Voraussetzungen für jede spirituelle Lebenshilfe. Aber, wer sich für solche Aufgaben interessiert, der verfügt meist auch über die notwendigen Anlagen! Lassen Sie, solange Sie sich Ihrer Sache noch nicht sicher sind, ungünstige Angaben einfach weg, oder formulieren Sie lediglich den positiven Aspekt.

Ich empfehle nun die nachstehend beschriebene Vorgehensweise, denn sie garantiert Ihnen, daß Sie wirklich alle Merkmale und Zeichen beachten. Wenn Sie stets auf diese Weise vorgehen, dann geht Ihnen das bald so in Fleisch und Blut über, daß Sie gar nichts mehr bei der Analyse der Hand vergessen können! Ich nenne nun der Einfachheit halber den Menschen, dem Sie aus der Hand lesen, den „Klienten".

Sprechen Sie über das, was Sie gesehen haben, stets in einfachen, klaren Sätzen. Weisen Sie Ihren Klienten darauf hin, daß er sich an scheinbar widersprüchlichen Angaben nicht stören soll, Sie beschreiben ihm zunächst die gesamten Veranlagungen. Am Ende werden Sie dann in einer Zusammenfassung die wichtigsten Punkte wiedergeben.

Betrachten Sie zuerst die Außenhand. Bitten Sie den Klienten, seine Hände ganz locker auf den Tisch zu legen. Wenn Sie spüren, daß der Klient eher verkrampft ist, bitten Sie ihn nach einigen Sekunden noch einmal darum, die Hände von weit oben wie auf den Tisch fallen zu lassen. Nur wenn die Hand wirklich in der natürlichen Haltung auf die Tischfläche gelegt wird, können Sie die Abspreizung der Finger erkennen. Nun bestimmen Sie zuerst den Handtyp. Wenn Sie sich noch nicht gleich sicher darüber sind, warten Sie einen Augenblick, bis wir zur Innenhand übergehen.

Betrachten Sie als nächstes die Finger. Sind sie glatt oder knotig? Stehen sie eng beieinander oder gibt es weite Fingerabstände? Vielleicht finden Sie unterschiedliche Fingerabstände, wenn ja, zwischen welchen Fingern? Gibt es auffallend lange oder kurze Finger? Halten Sie sich bei der Beurteilung des kleinen Fingers noch zurück. Und: Untersuchen Sie ausführlich den Daumen!

Bestimmen Sie die Form der Fingerkuppen. Sind alle gleich, oder haben sie unterschiedliche Formen? Wenn ja, an welchen Fingern? Neigen sich manche Finger zu einem anderen, sind der kleine Finger oder Zeigefinger abgespreizt? Finden Sie am Wurzelglied des Zeigefingers den Ring des Salomon? Wenn Sie etwas Ähnliches entdecken, prüfen Sie genau, ob es sich wirklich um dieses Zeichen handelt.

Beachten Sie bei allem, was Sie sehen, ob es sich in der linken wie in der rechten Hand findet! Sonst ist das Merkmal nur dem zugeordnet, was die entsprechende Hand darstellt.

Vergessen Sie nicht, alles, was Sie zweifelsfrei erkennen, auch bald auszusprechen! Dadurch vermeiden Sie eine für den Klienten beunruhigende Stimmung. Außerdem werden Sie einmal Ausgesprochenes leicht erinnern, und auch dies ist nicht ganz unwichtig. Denn bei einer gründlichen Handanalyse müssen Sie sehr viele Informationen behalten und auch in der Zusammenfassung richtig wiedergeben.

Nun bitten Sie den Klienten, die Hand umzudrehen. Überprüfen Sie noch einmal den **Handtyp**. Jetzt müßte er klar zu erkennen sein. Sind Sie sich immer noch unsicher, nehmen Sie den Bleistift und messen Sie aus, ob der Handteller rechteckig oder quadratisch ist, und ob die Finger dazu im Verhältnis lang oder kurz sind. Dann werden Sie den Handtyp sicherlich bestimmen können!

- Betrachten Sie die *Finger*: Wie sind die einzelnen Glieder beschaffen? Haben die Wurzelglieder *Polster* oder sind sie eng eingeschnürt? Sind *Linien* auf den Fingergliedern eingezeichnet? Waagrechte, senkrechte? Auf welchen Fingergliedern? Ist der *Kleinfingeransatz* nach unten verschoben?
- Bewegen Sie die *Hände* des Klienten leicht. Haben die Nagelglieder der Finger eine *Tropfenform*? Halten Sie die Fingerkuppen ans Licht und untersuchen Sie genau die *Papillarmuster*. Sind sie an allen Fingern gleich? An welchen Fingern nicht? Gibt es einen Unterschied in der rechten oder linken Hand?
- Betrachten Sie noch einmal den *Daumen*. Hat er ein „drittes" Glied? Sind die *Fingerberge* ausgeprägt, verschoben, oder fehlen sie? Wie steht es mit dem Daumen- und dem *Handkantenberg*?
- Untersuchen Sie nun die *Papillarmuster* zwischen den Fingern, anschließend ob sich irgendwelche Muster auf dem *Handkantenberg* befinden. Bei den Papillarmustern des Handkantenbergs kommt es oft vor, das sie nur in der linken Hand eingezeichnet sind.

Nun nehmen Sie sich die **großen und kleinen Linien** vor. Lesen Sie sie von oben nach unten.

- Gibt es auf dem *Zeigefingerberg* ein kleines Zeichen? Das Lehrerquadrat oder den *Zeigefingerring*? Einen Stern oder irgendein anderes Muster? Finden Sie unter den anderen Fingern etwas? Gibt es unter dem Ringfinger *Glückslinien* oder ein anderes Zeichen oder Muster? Gibt es unter dem kleinen Finger eine *Erfolgslinie* oder das *Ärztemal*?

- Hat die Hand oder nur eine Hand einen *Liebesgürtel*? Wenn ja, welche Hand? Gibt es auf der Außenseite des Kleinfingerbergs *Beziehungslinien*? Wie viele, und wie sind sie beschaffen? Ist vielleicht eine Hand *gesperrt*? Wenn ja, welche? Gibt es einen Liebesgürtel in der gesperrten Hand?
- Ist die *Herzlinie* geschwungen oder gerade? Hat sie *Störzeichen*, ist sie doppelt, gibt es Punkte? Wo endet die Herzlinie und wie? Wie lange ist die *Kopflinie*? Wie beginnt sie? Gibt es einen ausreichenden Abstand zwischen Kopf- und Herzlinie? Hat die Kopflinie eine Insel, Punkte, oder andere Störzeichen? Ist sie durch ein Dreieck oder ein Quadrat verlängert?
- Untersuchen Sie genau die *Lebenslinie*: Gibt es Unterschiede in den Händen? Wie ist der Anfang, wie das Ende der Linie beschaffen, und wo endet sie? Umschließt sie genau den Daumenberg oder ist der Verlauf enger oder weiter? Gibt es Schnitte oder gar Inseln? Finden sich Quadrate oder Dreiecke, welche Unterbrechungen oder *Störzeichen* „reparieren“? Gibt es eine *Schutzlinie*? Gibt es eine *Mediallinie* oder eine *Giftlinie*?

Jetzt betrachten wir die **senkrechten Linien des Handtellers**.

- Zunächst überprüfen wir die *Schicksalslinie*. Fehlt sie insgesamt, oder fehlt sie nur in einer Hand? Sind die Schicksalslinien in beiden

Händen gleich? Wo beginnt die Linie, wo endet sie? Wie ist die Beschaffenheit der Linie? Gibt es eine *zweite Schicksalslinie*? Oder Strecken, in denen sie wie mehrfach zersplittert erscheint?

- Finden Sie in der Hand Ihres Klienten eine *Gesundheitslinie*? Wenn ja, wie lang ist sie? Handelt es sich um eine zerrissene Linie oder um eine tief eingekerbte? Gibt es eine *Intuitionslinie*? Können Sie diese deutlich von einer Gesundheitslinie unterscheiden? Drehen Sie die Hand so, daß Sie die Handkante ins Licht halten, um zu prüfen, ob hier vielleicht eine *Geistlinie* verläuft.
- Kontrollieren Sie zum Abschluß die *Armbänder* an den Handgelenken. Wie viele gibt es? Handelt es sich um deutliche Ringe, oder ziehen sie in den Handteller hoch? Sind die Armbänder zerrissen?

Wenn Sie alles nacheinander untersucht haben, fassen Sie nun die wichtigsten Punkte noch einmal zusammen. Wichtig sind auch auffällige Widersprüche! Dies läßt sich am besten an einem Beispiel erläutern, deshalb folgen nun drei Handanalysen. Da Handabdrücke oft undeutlich sind, finden Sie zu Beginn der Beschreibung jeweils eine Zeichnung der Innen- und der Außenhand.

Beispiele aus der Praxis

Chiromantische Beratung von Rolf K., 35 Jahre

Rolf ist ein großer, stattlicher Mann, der beruflich eine steile Karriere gemacht hat. Seinen Beruf übt er gern aus, allerdings hat er zunehmend gesundheitliche Sorgen. Er nimmt an Gewicht zu, die Blutwerte sind ungünstig, und er schläft schlecht. Da Rolf mit wenig Schlaf auskommt, belastet ihn letzteres nicht so sehr.

Familiär ist alles im Lot, auch wenn seine Frau darüber klagt, daß ihr Mann sehr wenig zu Hause sei. Um dem abzuhelfen, und auch, um seine Kinder häufiger zu sehen, hat Rolf vor einigen Monaten für die Familie eine größere Wohnung in der Stadt angemietet, so daß er rascher ins Büro und zurück gelangt. Während Frau und Kinder mit der neuen Situation gut zurechtkommen, vermißt Rolf das Haus im Grünen so sehr, daß er schon vom früheren Garten träumt.

Rolf ist unzufrieden, ohne daß er begreift, warum. Eigentlich wollte er alles so haben, wie es jetzt ist. Aber das einzige, was ihm im Augenblick wirklich Spaß macht, sind lange Autoanfahrten für Kundenbesuche. Da Rolf wohl das Gefühl hat, daß etwas in seinem Leben nicht stimmt, aber von langwierigen Therapien nichts hält, erhofft er sich von der Handanalyse schnell umsetzbare Tips.

Rolfs Hände

Rolf hat eine Feuerhand mit spatelförmigen Fingerkuppen. Bereits auf den ersten Blick fallen die Länge des Zeigefingers und der ausgeprägte Daumen auf. Der Daumen hat eine eckige Kuppe, außerdem

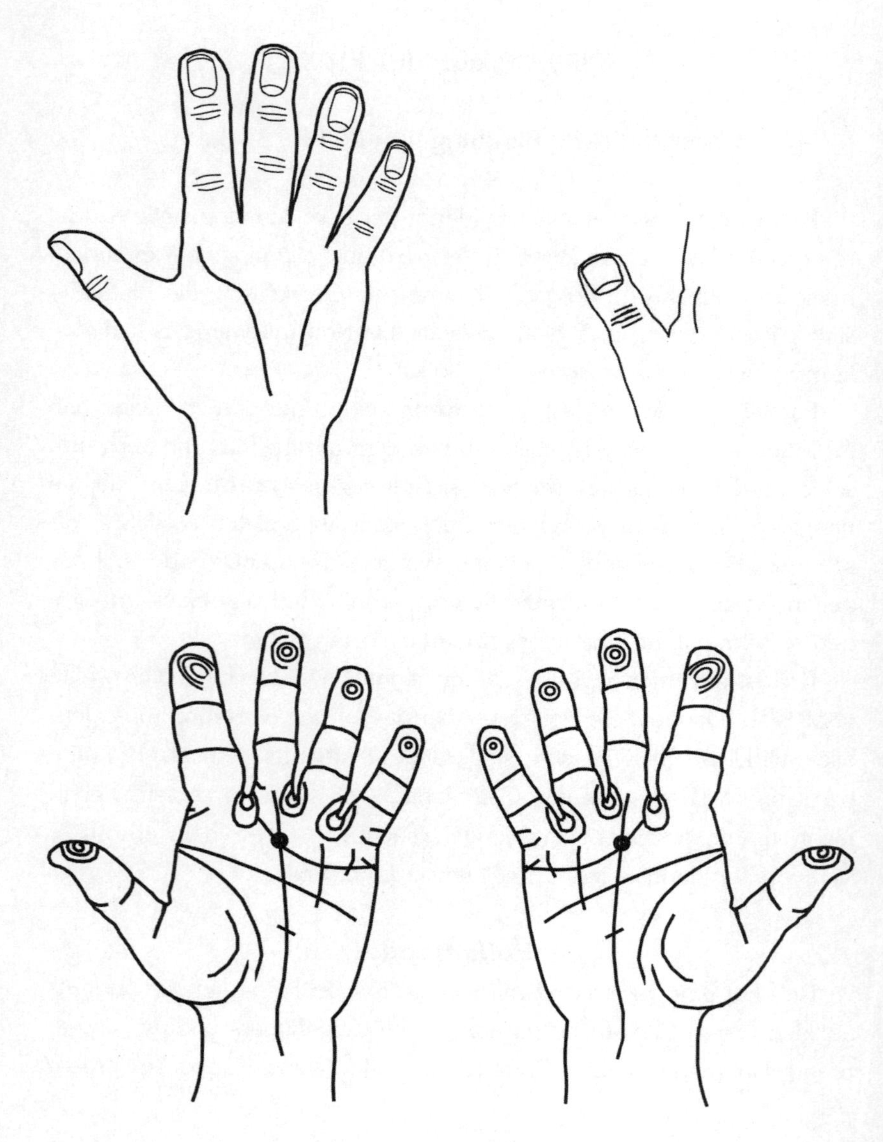

ein „drittes Glied". Von der Innenhand aus betrachtet, wird sichtbar, daß auch der kleine Finger sehr lang ist, aber tief angesetzt.

Auf allen Fingern, bis auf den Zeigefinger, hat Rolf Wirbel auf den Fingerkuppen, das Papillarmuster auf dem Zeigefinger ist eine Schleife. Unter allen Fingerwurzeln hat Rolf Schleifen: die Schlinge des Humors, der Ernsthaftigkeit, und die Königsschleife! Der Handkantenberg dagegen ist nicht bemustert.

In Rolfs Innenhand finden sich wenige, klare Linien. Die Herzlinie ist geschwungen, gut ausgeprägt, und endet zwischen Mittel- und Zeigefinger. Allerdings sieht man einen deutlichen blauen Punkt auf der Herzlinie, unter dem Mittelfinger. Die Kopflinie weist eine normale Länge auf, sie beginnt unabhängig von der Lebenslinie, und endet mit leichtem Bogen zum Handkantenberg. Die Lebenslinie verläuft in weitem Schwung zum Handteller hin, sie ist einmal unterbrochen, und wird dann, leicht versetzt, mehr in Richtung Daumenberg fortgeführt. In der linken Hand gibt es an dieser Stelle eine Schutzlinie. Die Schicksalslinie beginnt an der Handwurzel und verläuft gerade und tief eingekerbt bis zum Mittelfinger. An kleineren Linien findet man die Glückslinie, eine Erfolgslinie und zwei Beziehungslinien. Die Fingerberge sind abgeflacht, der Daumenberg und der Kampfberg aber deutlich ausgeprägt.

Die Wurzelglieder der Finger sind gepolstert, das Wurzelglied des Mittelfingers ist sowohl gepolstert, als auch eingeschnürt. Es gibt kaum einen Unterschied zwischen rechter und linker Hand, allerdings sind die Linien in der rechten Hand nicht ganz so gut gezeichnet.

Persönlichkeitsbeschreibung

Es gibt in Rolfs Händen zwei seltene Zeichen: Die Königsschleife und das sowohl gepolsterte als auch eingeschnürte Wurzelglied des Mittelfingers. Außergewöhnliche Merkmale nimmt man bei einer Handanalyse gewissermaßen als Überschrift, denn sie sagen über die betreffende Person etwas Wichtiges aus. Rolf ist also eine charismatische Führerpersönlichkeit, und es ist davon auszugehen, daß er den Höhepunkt seines Erfolges noch nicht erreicht hat. Darüber hinaus ist er in besonderem Maße zur Selbstdisziplin fähig, dies steht aber im Widerstreit zu seiner Genußsucht, wird also zu einer inneren Spannung führen.

Die Feuerhand kennzeichnet ihn als tätigen, energischen Menschen, die spatelförmigen Fingerkuppen weisen auf ein Bedürfnis nach Bewegung oder Arbeit im Freien hin. Der lange Zeigefinger spricht von einem ausgeprägten Selbstbewußtsein, der kräftige, große Daumen auf ein großes Durchsetzungsvermögen. Da hier die Fingerkuppe und der Nagel eckig sind, geht der Klient bei der Durchsetzung seiner Interessen methodisch und überlegt vor, nicht impulsiv. Der kleine Finger weist auf Wortgewandtheit, ist aber tief angesetzt. Rolf schleppt also noch ein unbearbeitetes Defizit aus der Kindheit mit sich herum. Die Polster der Fingerwurzelglieder bilden sich bei Genußsucht, sie werden ja auch „Wohlstandspölsterchen" genannt, hier ist also die Ursache für das Übergewicht zu suchen.

Fast alle Papillarmuster der Fingerspitzen sind Wirbel: Also ist Rolf ein in hohem Maß origineller, eigenständiger Mensch, der seinen eigenen Weg zu gehen imstande ist. Interessant die Abweichung einer Schlinge, gerade auf dem Zeigefinger. Diese Schlinge mildert die möglichen unsozialen Auswirkungen des langen Zeigefingers: gerade im Bereich des Selbstbewußtseins ist Rolf die Harmonie mit anderen Menschen wichtig.

Die Glückslinie ist Kennzeichen einer positiven, guten Lebenseinstellung, die Erfolgslinie kann uns in dieser Hand nun auch nicht verwundern. Neben der Königsschleife haben wir noch die Schlinge der Ernsthaftigkeit, also kann Rolf eigenständig und verantwortungsbewußt arbeiten, die Humorschleife verstärkt die Glückslinie durch den Sinn für Situationskomik und eine angeborene Heiterkeit.

Zwei Beziehungslinien sind als normal zu werten. Die Herzlinie kennzeichnet Rolf als extrovertierten, herzlichen Menschen. Länge und auch das Ende der Herzlinie sprechen von Gefühlstiefe und emotionaler Reife. Lediglich der blaue Punkt gibt hier Anlaß zur Besorgnis, denn er weist auf eine entstehendes Herz- oder Lungenleiden hin. Davon weiß der Klient noch nichts, also muß später dieses Gesundheitsproblem noch einmal besonders beleuchtet werden.

Die Kopflinie hat nur durchschnittliche Länge, Rolfs Denken geht also nicht allzusehr in die Tiefe, der Schwung auf dem Mondberg aber weist auf eine Offenheit bzw. ein Interesse für spirituelle oder religiöse Fragen. Bemerkenswert ist noch die völlige Trennung von der Lebenslinie: Hier liegt die Gefahr impulsiven Handelns vor, zumal die Kopflinie durch die lediglich durchschnittliche Länge dazu kein Gegengewicht hat.

Die Lebenslinie umschließt nicht nur den Daumenberg, sondern verläuft im breiteren Bogen auf dem Handteller: Rolf ist also ein unermüdlicher Schaffer, der auch bei Müdigkeit oder Krankheit weiterarbeitet. Der Bruch in der Lebenslinie deutet auf eine Gefährdung hin, danach verläuft die Lebenslinie auf beiden Händen knapp auf der Grenze des Daumenbergs. Es besteht also die Möglichkeit, daß zu einem Zeitpunkt, etwa am Ende des zweiten Lebensdrittels, ein gesundheitliches Problem Rolf zur Einschränkung seines Arbeitspensums zwingen wird. Obwohl noch kein Dreieck oder Viereck den Bruch der Lebenslinie verbindet, weist die Schutzlinie in der linken Hand darauf hin, daß die Voraussetzungen, diese Krise zu meistern, gut sind.

Die Schicksalslinie ist außergewöhnlich lang und führt in gerader Linie zum Mittelfinger. Rolf hat also seine Lebensaufgabe bereits jung erkannt, und wird diese auch bis ins hohe Alter erfüllen. Bei genauerem Hinsehen entdecken wir unterhalb der Kopflinie eine Schnittlinie, sie ändert allerdings nichts am Verlauf der Schicksalslinie.

Die abgeflachten Fingerberge stehen im Zusammenhang mit Rolfs gesundheitlichen Problemen, seine Vitalität ist allerdings unverwüstlich (kräftiger Daumenberg und Kampfberg, Feuerhand, lange Lebenslinie mit Bogen zum Handteller, Schutzlinie, drittes Daumenglied). Die Tatsache, daß die linke Hand besser ausgeprägte Linien hat, weist auf eine gute karmische Ausgangslage, die Rolf nicht optimal nutzt.

Zusammenfassung und Ratschläge

Rolf ist ein Mensch, der durch seine große Energie, seine enorme Schaffenskraft, sein Durchsetzungsvermögen und Verantwortungsbewußtsein, und seine Fähigkeit, eigenständig zu handeln bzw. innovativ zu denken, zu einer außergewöhnlichen Karriere und großem Erfolg befähigt ist. Seine sympathische Ausstrahlung beruht auf dem echten Wunsch, niemanden zu übervorteilen, oder zu schaden, er hat ein glückliches Naturell und ist auch spirituellen Gedankengängen offen, wenn auch Meditation und Selbstbesinnung nicht zu seinen vordergründigen Lebensaufgaben zu gehören scheinen.

Das gesundheitliche Problem hängt mit seiner allgemeinen Unzufriedenheit zusammen, die dadurch entstanden ist, daß er als Mensch mit Feuerhand und spatelförmigen Fingerkuppen sich viel im Freien bewegen müßte. Dies ist die Ursache seiner Träume vom früheren Garten, und auch von der Befriedigung, die ihm das Autofahren bereitet, denn da bewegt er sich zumindest scheinbar. Der blaue Punkt auf der Herzlinie, der Bruch auf der Lebenslinie, sowie die Schnittstelle auf der Schicksalslinie stellen eine ernste Warnung dar. Sollte Rolf weiterhin nicht seiner Veranlagung entsprechend leben, so könnte dies später möglicherweise zu einer gesundheitlichen Krise, etwa einem Herzinfarkt, führen.

Um nun die familiären und persönlichen Bedürfnisse zu verbinden, wäre eine Möglichkeit, mit der Familie gemeinsam eine Sportart auszuüben, ein Vorschlag, der Rolf gleich überzeugt. Außerdem beschließt er, als Mann rascher Entschlüsse, ab sofort mit dem Fahrrad in sein Büro zu fahren. Dies würde auf Dauer wahrscheinlich auch zu einer Gewichtsreduzierung verhelfen, die ebenfalls zur gesundheitlichen Stabilisierung beitragen würde. Wahrscheinlich würde Rolf auf Dauer mit einer Wohnmöglichkeit außerhalb der Stadt zufriedener sein, da er dies aber im Augenblick ausschließt, bleibt ihm nur, sich soviel wie möglich körperliche Bewegung in der Natur zu verschaffen.

Chiromantische Beratung von Gertrud, 60 Jahre

Gertrud ist mittelgroß, schlank und insgesamt eine sehr unauffällige Erscheinung. Sie hat seit einer größeren Operation vor fünf Jahren viel Interesse an spirituellen Themen, deshalb kommt sie zum Handlesen. Gertrud ist mit ihrem Leben nicht zufrieden, sie versorgt die pflegebedürftigen Schwiegereltern, ihr Mann lebt seit langem gemäß seinen eigenen Interessen, die Kinder sind aus dem Haus. Allerdings glaubt Gertrud nicht, daß sich an ihrer Situation etwas ändern ließe.

Gertruds Hände

Gertrud hat Erdhände mit gewölbten Fingerkuppen. Die Finger stehen eng beieinander und sind glatt. Zeige- und Kleinfinger erscheinen auf den ersten Blick kurz, außerdem haben sie eine abgespreizte Haltung. Auch von der Innenhand aus gesehen ist der Kleinfinger als kurz zu bewerten, allerdings ist er zusätzlich noch tief angesetzt.

Das Papillarmuster aller Fingerkuppen sind Schleifen, auf dem rechten Daumen befindet sich eine Doppelschleife. Der Daumen ist von normaler Länge, sehr tailliert, das Wurzelglied ist länger als das Nagelglied. Ringfinger und Mittelfinger sind einander zugeneigt.

Es findet sich eine Glückslinie und auf dem Zeigefingerberg ein Lehrerquadrat. An der rechten Hand ist eine Beziehungslinie zu erkennen, an der linken Hand zwei. Die Herzlinie ist auffällig: zu der ursprünglich geschwungenen Form ist ein tiefer, stark eingekerbter, gerader Ast hinzugekommen, so daß die Herzlinie nun als gerade angesehen werden muß. Die Kopflinie ist von durchschnittlicher Länge, zu Beginn mehr als anderthalb Zentimeter mit der Lebenslinie verbun-

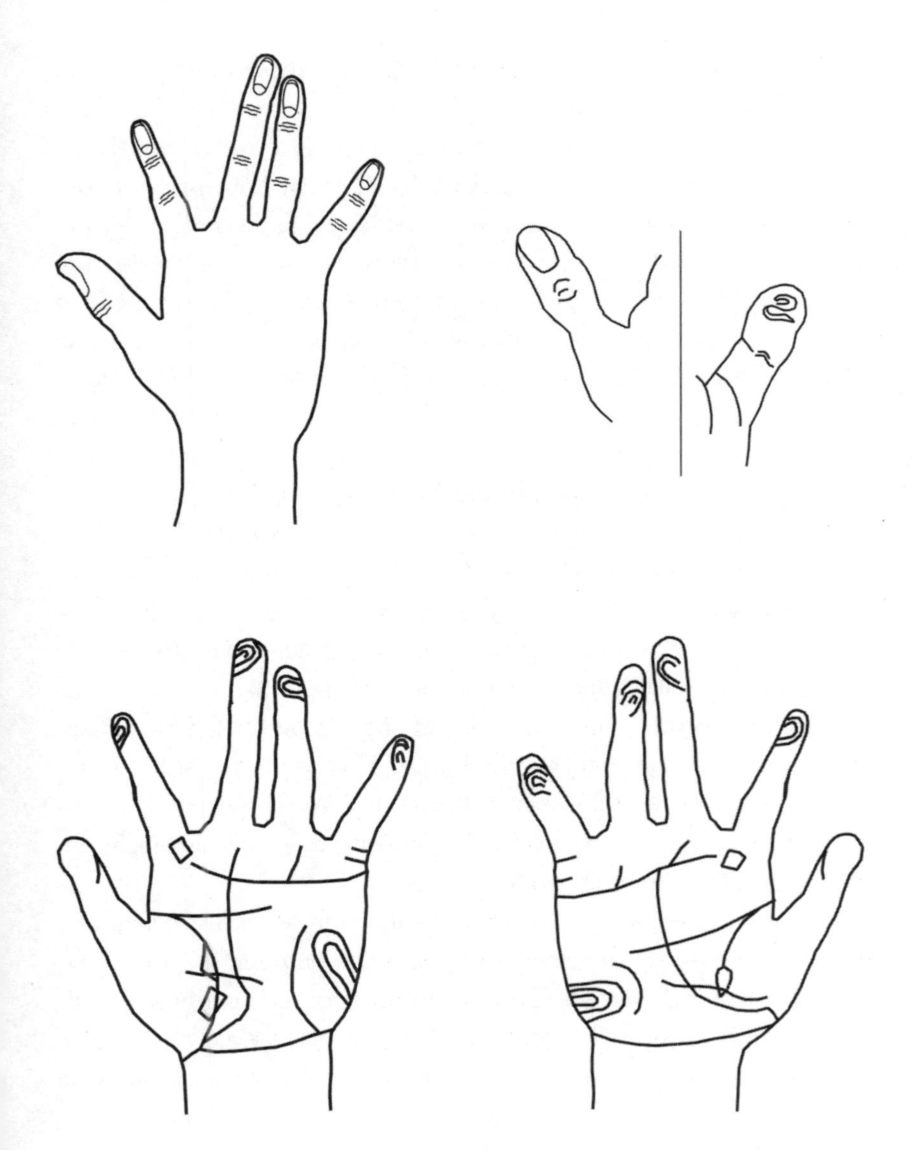

den. Die Lebenslinie hat in beiden Händen eine deutliche Insel, zur Innenseite des Daumenbergs hin.

Nach der Insel verläuft rechts eine Operationslinie, in der linken Hand findet sich nach der Insel ein Viereck in der Lebenslinie. In der rechten Hand fehlt das Viereck. Die Schicksalslinie beginnt an der Lebenslinie und verläuft eine geraume Weile an der Schnittstelle, um dann gerade bis zur Herzlinie aufzusteigen. Auf dem Handkantenberg ist eine halbkreisförmige Intuitionslinie eingezeichnet, außerdem eine Papillarschleife mit Wölbung nach innen. Weiterhin ist eine Giftlinie zu sehen.

Persönlichkeitsbeschreibung

Auffällig ist die Veränderung der Herzlinie in Gertruds Hand: Von einem herzlichen, extrovertierten Menschen hat sie sich zu einem zurückhaltenden, vorsichtigen gewandelt. Beeindruckend sind auch die Inseln in der Lebenslinie, sowie durch das Quadrat die „Reparatur" der Gefahr, die allerdings nur in der linken Hand erfolgt ist.

Auch die Verknüpfung von Erdhand und den gewölbten Fingerkuppen ist ein außergewöhnliches Merkmal. Hier vermischt sich ein bodenständiger Typus mit einer einfühlsamen Wesensart, was, sofern Gertrud nicht zuviel Hektik oder Anspannung ausgesetzt ist, nicht unbedingt ein Problem sein müßte.

Der kurze Zeigefinger verrät uns ein geringes Selbstbewußtsein, die Abspreizung schafft einen Ausgleich. Die ausgeprägte Taillierung des Daumens ist zwar ein Hinweis, daß Gertrud sich ein beachtliches diplomatisches Geschick angeeignet hat, aber die Länge des Wurzelgliedes zeigt auf, daß sie mehr Ideen hat, als daß ihr die praktische

Umsetzung gelingt. Außerdem hat sie am rechten Daumen eine Doppelschleife, also schwankt sie lange hin und her, bis sie endlich eine Entscheidung trifft. In ihrem „tiefsten“ Inneren allerdings weiß sie durchaus, was der richtige Schritt wäre. Der kurze Kleinfinger ist allgemein ein Anzeichen für ein Problem der zwischenmenschlichen Beziehungen, daß beide Kleinfinger abgespreizt sind, weist auf Kummer durch Trennung oder Vereinsamung hin.

Alle Papillarmuster sind Schlingen, also ist Harmonie in den Beziehungen eigentlich ein Grundbedürfnis, das zeigen auch die glatten Finger. Die engen Fingerabstände passen gut zur Erdhand, da sie auf ein traditionsorientiertes Wesen und Lebensverständnis hindeuten. Die Doppelschleife auf dem rechten Daumen ist ein zusätzliches Problem, denn Gertrud wird sich im äußeren Leben nicht leicht entscheiden, auch wenn ihr innerlich der richtige Weg durchaus klar ist. Entsprechend zeigt sich die Kopflinie zu Beginn lang mit der Lebenslinie verbunden: Gertrud fiel es schwer, selbständig zu werden und sie kann sich nur langsam entscheiden. Auch der Beginn der Schicksalslinie deutet auf ein langes Verhaftetsein in der Ursprungsfamilie hin, die Länge weist auf ein durchschnittliches Arbeitsleben, auch die klare Ausprägung läßt erkennen, daß Gertrud ihre Lebensaufgabe erkannt und ergriffen hat.

Die Inseln auf der Lebenslinie, ebenso die Operationslinie lassen auf eine schwere Erkrankung schließen. Das Quadrat in der linken Hand gibt zwar zu erkennen, daß in Gertruds Schicksal die Anlage zur Überwindung dieser Krankheit durchaus gegeben ist, allerdings sollte sie keineswegs leichtfertig über ihren Zustand hinweggehen, denn noch fehlt ein verbindendes positives Zeichen auf der rechten Lebenslinie.

Die Intuitionslinie und das Muster auf dem Handkantenberg sind Hinweise auf ihr spirituelles Interesse, dem durchaus auch eine intuitive Begabung zugrundeliegt. Allerdings ist die Schleife zur Innenhand ein Hinweis auf übergroße seelische Verletzbarkeit. Anlaß zur Besorgnis gibt noch die Giftlinie. Da Gertrud auf Nachfrage äußert, sie nehme keine Medikamente, muß es sich hier um Rauschmittel handeln, mit denen sie ihren Kummer zu betäuben sucht. Immerhin bildet die Glückslinie mit ihrer einhergehenden Begabung, allem etwas Positives abzugewinnen, ein Gegengewicht. Interessant ist auch noch das Lehrerquadrat, welches auf pädagogisches Geschick hinweist. Offensichtlich hat es Gertrud bisher nur zur Erziehung der eigenen Kinder genutzt.

Bleiben noch die Beziehungslinien. Hier besteht ein Unterschied zwischen rechter und linker Hand: In der linken Hand sind zwei Linien zu finden. Also wird es neben der einen, die auch in der rechten Hand eingekerbt ist, auch eine zweite Beziehung geben, die Gertruds Leben prägt, wobei es sich sowohl um eine heimliche Liebesbeziehung, wie auch eine spätere oder frühere Beziehung ohne Eheschließung handeln kann. Denkbar wäre selbstverständlich auch eine tiefe, gleichgeschlechtliche Freundschaft.

Zusammenfassung und Ratschläge

Wie vielen Frauen ihrer Generation fällt es Gertrud schwer, ihre Bedürfnisse zu erkennen und durchzusetzen. Ihre Krankheit (Krebs der Unterleibsorgane) hat nun ein ernstzunehmendes Signal gesetzt, daß sie ihr Leben wirklich verändern muß – Unglück schwächt das Immunsystem!

Zunächst ist alles gut verlaufen, in der linken Hand ist die Anlage zur Überwindung der Krankheit gegeben, aber wenn Gertrud weiterhin ihre Wünsche und Sehnsüchte ignoriert, riskiert sie, daß sich die entsprechenden Zeichen nicht auf der rechten Lebenslinie entwickeln. Dazu muß sie zunächst unbedingt damit aufhören, ihre seelische Leere mit einem Rauschmittel zu betäuben.

Gertrud ist sehr erstaunt, daß so etwas aus der Hand zu ersehen ist, ein wenig verlegen gibt sie aber zu, abends vor dem Einschlafen gelegentlich ein Gläschen oder zwei zu trinken. Es wäre wünschenswert, daß sie sich einer Hilfsorganisation für Alkoholiker anschließt. Auf diese Weise würde sie auch neue Bekanntschaften schließen.

Mit einem Hinweis auf ihre eigene Gesundheit sollte sie ihren Mann dazu bringen, sich unbedingt auch an der Versorgung seiner Eltern zu beteiligen; zumindest kann er am Wochenende oder abends die Betreuung übernehmen! Immerhin hat Gertrud diplomatische Fähigkeiten entwickelt, wenn es ihr auch an Durchsetzungsvermögen mangelt, so sollte es ihr doch gelingen, ihren Mann durch Argumente zu überzeugen.

Wichtig ist auch, daß Gertrud wieder ein Ziel hat, etwas, das ihr wirklich Lebensfreude vermittelt. Vielleicht entsteht dann mit der Zeit auch die Kraft, über ihre Ehe nachzudenken, denn ganz offensichtlich findet Gertrud schon lange in dieser Beziehung nicht mehr das, was sie braucht.

Da sie angibt, sehr gerne in ihrem Garten zu arbeiten (Erdhand), wäre es ein guter Gedanke, etwa spezielle Blumen- oder Kräuterbeete (gewölbte Finger, Glückslinie) anzulegen. Diese Idee gefällt Gertrud: Sie träumt schon lange davon, einen Rosengarten anzulegen, irgendwie sei es aber noch nie zur Ausführung gekommen (langes unteres

Daumenglied, Doppelschleife auf dem Daumen). Auch hier würde ihr die Mitgliedschaft in einem entsprechenden Verein die Möglichkeit bringen, wieder unter Menschen zu kommen, außerdem können sich die alten Schwiegereltern während der Arbeit ebenfalls im Garten aufhalten.

Schließlich sollte Gertrud sich auch sonst nach einer stundenweisen Aushilfe für deren Pflege umsehen, denn sie selbst muß unbedingt auch etwas für ihre eigene Gesundheit tun. Auch hier wird das Argument, daß sie sonst vielleicht, wie vor fünf Jahren, wegen eines Krankenhausaufenthaltes gar nichts mehr für die Familie leisten kann, wahrscheinlich mehr überzeugen und ihr leichter fallen, als der ebenfalls sehr berechtigte Hinweis, daß es nicht Gertrud allein sein sollte, die alles Lästige für die anderen Familienmitglieder erledigt.

Chiromantisch-pädagogische Beratung von Martin, 12 Jahre

Martins Mutter hat in einem Vorgespräch die Schwierigkeiten erläutert, die sie mit ihrem Sohn hat. Es geht hauptsächlich ums Lernen. Martin geht seit ca. zwei Jahren nur noch ungern zur Schule; er weigert sich, Hausaufgaben zu machen und bekommt Wutanfälle, wenn er dazu angehalten wird. Martin hat sich mit einer Handanalyse einverstanden erklärt und sich recht interessiert daran gezeigt, daß seine Hände über ihn als Mensch Aufschluß geben können. Die Meinung eines Kindes in diesem Alter sollte unbedingt berücksichtigt werden, außerdem muß darauf geachtet werden, daß die Worte so gewählt werden, daß auch das Kind die Zusammenfassung versteht. Sollte es nötig sein, den Eltern etwas zu raten, was das Kind oder der Jugendliche nicht hören soll, dann muß vorab ein zusätzliches Telefongespräch mit den Erziehern vereinbart werden.

Martins Hände

Martin hat Lufthände, wenn diese auch nicht auf den ersten Blick zu erkennen sind, da den Fingern noch die typische Länge fehlt. Aber Martin ist ja noch nicht ausgewachsen! Die Fingerkuppen haben unterschiedliche Formen: Der Daumen ist spatelförmig ebenso der Zeigefinger, der Mittelfinger ist eckig, Ring- und kleiner Finger oval. Die Fingerabstände sind alle weit.

Die linke Hand hat eine lange Sperrlinie, in der rechten teilt sich von der Sperrlinie ein Ast, der als Herzlinie angesehen werden kann. Die Lebenslinie ist gut ausgeprägt, sie umschließt in einem schönen, langen Bogen einen kräftigen Daumenberg. Auch alle anderen Fingerberge sind gut ausgeprägt.

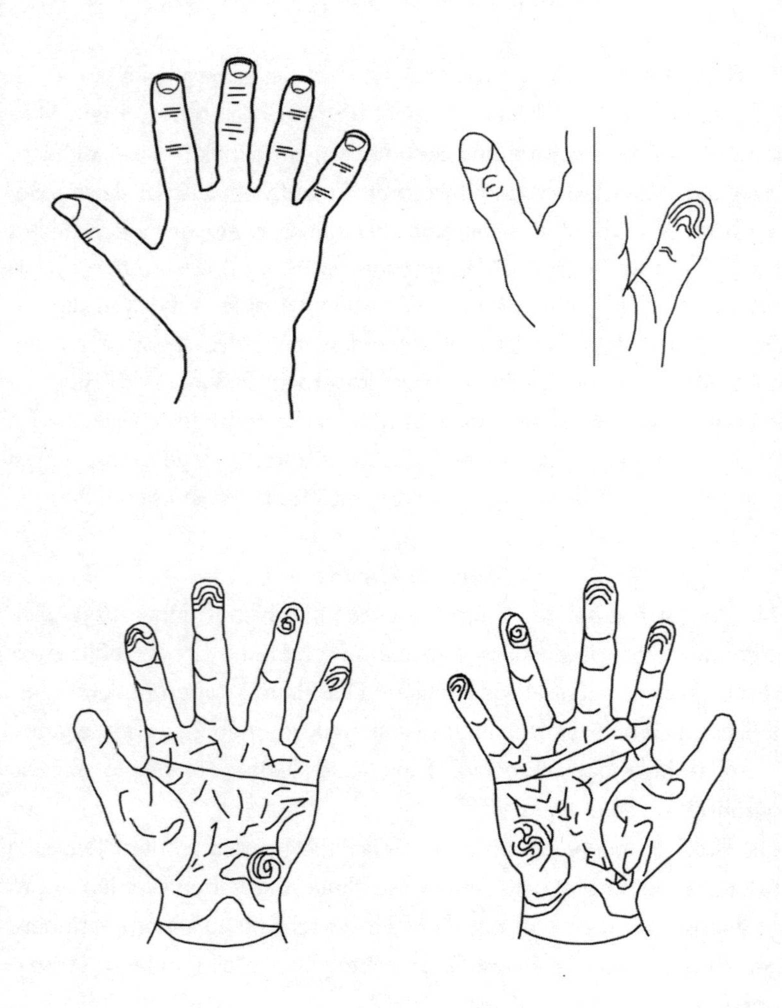

Auf dem Handkantenberg hat Martin eine Doppelschleife, die übrigen Papillarmuster der Finger sind wiederum sehr vielfältig. Der Daumen weist einen Bogen auf, ebenso der Zeige- und Mittelfinger. Auf dem Ringfinger findet sich ein ovaler Wirbel, auf dem kleinen Finger eine Schleife. Der kleine Finger ist tief angesetzt. Die Gesundheitslinie ist deutlich erkennbar, aber vielfach zerrissen, außerdem ist auf dem Handkantenberg eine deutliche Intuitionslinie zu sehen. Das oberste Armband ist auf den Handteller hochgezogen, und der gesamte Handteller ist mit feinen Haarlinien übersät.

Persönlichkeitsbeschreibung

Martin zeigt recht widersprüchliche Anlagen. Auffällig ist zunächst das Fehlen der Schicksalslinie in beiden Händen, immerhin ist Martin bereits zwölf Jahre alt. Hier ist eine der Ursachen für seine Unlust beim Lernen zu finden.

Des weiteren hat er eine Sperrlinie, die als schicksalhafte Veranlagung zu betrachten ist, da sie in der linken Hand eindeutig besteht. Der Ast in der rechten Hand zeigt erste Hinweise auf eine Veränderung des Vorgegebenen. Die Sperrlinie gibt einen Hinweis auf künstlerisches Ausdrucksbedürfnis, andererseits fällt Sachlichkeit schwer, und die Gefühlswelt ist gehemmt, da Denken und Fühlen miteinander verknüpft sind.

Als Mensch mit der eher seltenen Lufthand braucht er viel Abwechslung und hat ein besonderes Talent für Verständigungsvorgänge. Der spatelförmige Daumen weist auf ein recht elementares Durchsetzungsbedürfnis, ebenso steht es mit dem Selbstbewußtsein (Zeigefinger). Interessant ist der eckige Mittelfinger: In Bezug auf die Lebensaufgabe ist ein methodisches Vorgehen veranlagt, im Bereich der künstlerischen Empfindung und im Zwischenmenschlichen Feinfühligkeit. Wichtig scheint ihm seine Eigenständigkeit, da alle Fingerabstände weit sind. Immerhin könnte es sich aber auch hier – wie bei der fehlenden Schicksalslinie – um eine Entwicklungsverzögerung handeln, bei der die abgespreizten Finger des jüngeren Kindes noch fortbestehen.

Durch die Papillarmuster treten ebenfalls mehrere Fähigkeiten zutage: Drei Bögen sprechen von Sachlichkeit und praktischen Fähigkeiten, zumal sie sich auf den drei Fingern finden, die eher die selbstbezogene Seite der Hand beschreiben. Das Oval auf dem Ringfinger zeugt von künstlerischer Fähigkeit, die Schleife auf dem Kleinfinger von einem Harmoniestreben im zwischenmenschlichen Bereich.

Der tief angesetzte Kleinfinger kann hier nicht verwundern, da ja die meisten Kinder mit diesem Merkmal belastet sind. Hier nun hat die Mutter ausdrücklich geäußert, daß sie Probleme mit dem Kind hat, so würde eher die normale Lage des Kleinfingers erstaunen.

Die Lebenslinie ist schön geformt, ohne Störungen. Dies, sowie die gut ausgeprägten Fingerberge weisen auf eine starke Vitalität und Lebenskraft hin. Da die Sperrlinie nicht mit der Lebenslinie zusammenläuft, ist eine Anlage zu unüberlegtem, impulsivem Handeln gegeben. Interessant ist auch die kräftige Intuitionslinie, die auf ein gutes inneres Gespür hinweist.

Die Doppelschleife beinhaltet, bei einer Hand, die einen stabilen Charakter beschreibt, die Fähigkeit, besonders innig mit seinen Mitmenschen zu fühlen. Hier bildet diese Doppelschleife zwar ein gewisses Gegengewicht zur Sperrlinie, auf der anderen Seite ist Martins Hand insgesamt sehr widersprüchlich: Er wird also häufig zwischen seinen Gefühlen und den Stimmungen seiner Umgebung nicht unterscheiden können.

Im Widerspruch zur gut ausgeprägten Lebenslinie stehen die vielen kleinen Haarlinien, die auf nervöse oder allergische Neigungen hinweisen. Dies wird bestätigt durch die zerrissene Gesundheitslinie: Es könnte sich also vielleicht um eine Nahrungsmittelallergie handeln. Das hochgezogene oberste Armband ist ein verbreitetes Merkmal und läßt in späteren Jahren ein Prostataleiden vermuten.

Zusammenfassung und Ratschläge

Martin braucht dringend regelmäßigen, künstlerischen Unterricht. Er hat diesen Wunsch selbst bereits mehrfach geäußert, aber seine Mutter war bisher der Meinung, das Kind müsse erst einmal die Schulleistungen verbessern, ehe an zusätzliche Anforderungen gedacht werden dürfe. Martin zeichnet gerne Karikaturen und Comics und produziert kleine Hörspiele nach eigenen Geschichten, und diese Talente müßten gefördert werden, wobei man dem Kind abverlangen sollte, die angefangenen Arbeiten stets zu beenden. Außerdem wäre ein Kurs in beispielsweise Tai Chi oder einer anderen asiatischen Kampfsportart, die auch zentrierende Elemente hat, für den Jungen besonders hilfreich.

Da Martin die Schicksalslinie fehlt und er sich bereits der ausschließlich auf intellektuellen Leistungen ausgerichteten Schulbildung verweigert, wird die Mutter viel Geduld aufbringen müssen und darf nicht nachlassen, den Jungen zu unterstützen, damit ihm auch wirklich ein Schulabschluß gelingt. Das wird aber mit ziemlicher Sicherheit nur dann möglich sein, wenn auch wirklich rechtzeitig vor der Pubertät die genannten Förderungen einsetzen, sonst besteht eher die Gefahr, daß Martin in zwei bis drei Jahren die Schule verläßt und als Gelegenheitskünstler lebt.

Wichtig ist auch eine harmonische, häusliche Atmosphäre, da er ja die Stimmungen so stark in sich aufsaugt. Da die Mutter aber ziemlich nervös und angespannt ist, wird dieser Ratschlag wohl nicht so leicht in die Tat umzusetzen sein. Zu beachten sind schließlich noch die Hinweise auf eine Nahrungsmittelallergie. Hier könnte durch eine angemessene Ernährung wahrscheinlich viel für die Ausgeglichenheit des Kindes erreicht werden.

Nachwort

Sie verfügen nun über die wichtigsten Kenntnisse in einem der spannendsten Bereiche der angewandten spirituellen Wissenschaften. Vielleicht erschien es Ihnen zu Beginn des Buches kaum glaubhaft, was Sie mit Hilfe der Chiromantie alles erkennen können, nun aber haben Sie alle Möglichkeiten in der Hand, um sich selbst und andere Menschen zu verstehen. Jetzt brauchen Sie nur noch ein wenig Übung, und Sie werden, wie an den Beispielen deutlich wurde, sehr viel erreichen, nur durch die konzentrierte Betrachtung der menschlichen Hand!

Quellenangabe

Über Grund und Bedeutung der verschiedenen Formen der Hand in verschiedenen Personen. Stuttgart, 1846

La Main. Les Sciences occultes en Chine, avec un texte des anciens chinois du 4ième siècle. Paris, 1932

Desbarrolles, Adolphe: Les mystères de la main révelés. Paris, 1859

Fitzherbert, Andrew: Hand Psychology. London, 1986

Freimark, Hans: Wie deute ich mein Schicksal aus Formen und Linien meiner Hand? Beitrag z. Geschichte der Handlesekunst. Vorbach, 1921

Freudenberg, Dr. med.: Wahrsagekunst im Spiegel der Zeit und der Völkergeschichte. Berlin, 1919

Hürlimann, Gertrud: Handlesen ist erlernbar. Zürich, 1981

Issberner-Haldane, Ernst: Die Kunst, aus der Hand zu lesen. Freiburg, 1982 + 1996

Mangoldt, U. v.: Kinderhände sprechen. München, 1951

Praetorius, Johann: Chiromantenspiel. Leipzig, 1661

Seßmann, G.W.: Die Kinderhand und deren Bedeutung für die Erziehung und Berufswahl. Berlin, 1894 + 1923

Weitere Titel der Autorin im 

Anne Biwer

Zigeuner-Wahrsagekarten

Kartenlegen für Einsteiger

153 S., 52 s/w-Abb., Paperback

DM 19,80/öS 145,–/sFr 19,–

ISBN 3-930944-68-5

Die Zigeuner-Wahrsagekarten sind ein sehr altes Volksorakel, das bis heute gern verwendet wird, da es durch die klare Bildsprache der Karten zu deutlichen Aussagen führt. So eignen sich die Karten ganz besonders für Menschen, die gerade mit dem Kartenlegen beginnen, und für Fragesteller, die eine eindeutige Antwort bevorzugen.

Piatnik

Zigeuner-Wahrsagekarten

36 farbige Karten, 57 x 89 mm

DM/sFr 10,–/öS 75,–*

ISBN 3-930944-77-4

Anne Biwer

Die Lenormand-Karten

Deutungen und Legemethoden

173 S., 154 s/w-Abb., Paperback

DM 19,80/öS 145,–/sFr 19,–

ISBN 3-930944-96-0

Vorgestellt werden alle 36 Karten aus vier verschiedenen Kartendecks nebst ihren verschiedenen Deutungsebenen. Außerdem finden Sie hier alle geeigneten Legemethoden: Keltisches Kreuz, Fragespiel, Wegweiser, Großes Bild und – ganz neu – der Karmaspiegel, eine Legeform zur Ermittlung des Karmaeinflusses auf das gegenwärtige Leben.

Piatnik

Mlle Lenormand Wahrsagekarten

36 farbige Karten, 57 x 89 mm

DM/sFr 10,–/öS 75,–*

ISBN 3-89767-029-1

ASS

Lenormand Wahrsagekarten

36 farbige Karten, 57 x 89 mm

DM/sFr 14,80/öS 111,–*

ISBN 3-89767-028-3

Amy Sophia Marashinsky & Hrana Janto

GÖTTINNEN-Geflüster

Mit Orakel und Ritualen zur eigenen Kraft

Set aus Buch und 52 Karten
(Karten: 95 x 113 mm)
DM 54,80/öS 400,–/sFr 49,50
ISBN 3-930944-89-8

Tauchen Sie ein in die Welt der Großen Göttin, von deren Erscheinungsformen Sie hier 52 vorgestellt finden – jede mit Bild, Anrufung, Geschichte, Deutung und Ritual sowie einprägsamen Legemethoden.

Buch einzeln
300 S., s/w-illustriert, Paperback
DM 26,–/öS 190,–*/sFr 24,00
ISBN 3-930944-85-5

Kartendeck einzeln
in Stülpschachtel
DM/sFr 34,–/öS 255,–*
ISBN 3-930944-88-X

Jeanne Ruland & Iris Merlino

Die lichte Kraft der Engel

Set aus Buch
und 56 farbigen Karten
Buch: ca. 300 S., Paperback
Karten: 70 x 110 mm
DM 59,80/öS 437,–*/sFr 54,–
ISBN 3-89767-071-2

Die inspirierende Kraft der Engel macht das Leben von uns Menschen lebendiger, klarer und glücklicher. Über die 56 Karten mit ihren Erläuterungen und Ritualen sowie den Legemethoden gelingt es, ihre gewaltig wirkenden göttlichen Kräfte in unser Leben einzubinden und dadurch Schutz, Erleuchtung und tiefe Einsichten zu erleben.